成为小作家

李君◎著

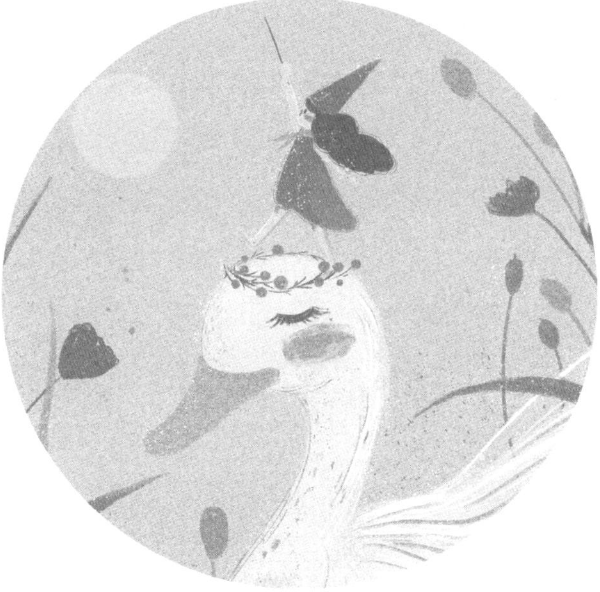

中国人民大学出版社
·北京·

图书在版编目（CIP）数据

成为小作家／李君著．—北京：中国人民大学出版社，2020.12
ISBN 978-7-300-28849-9

Ⅰ．①成…　Ⅱ．①李…　Ⅲ．①作文课－小学－教学参考资料
Ⅳ．①G624.243

中国版本图书馆CIP数据核字（2020）第253424号

成为小作家
李君　著
Chengwei Xiaozuojia

出版发行	中国人民大学出版社		
社　　址	北京中关村大街31号	**邮政编码**	100080
电　　话	010－62511242（总编室）		010－62511770（质管部）
	010－82501766（邮购部）		010－62514148（门市部）
	010－62511173（发行公司）		010－62515275（盗版举报）
网　　址	http://www.crup.com.cn		
经　　销	新华书店		
印　　刷	涿州市星河印刷有限公司		
开　　本	720 mm×1000 mm　1/16	**版　　次**	2020年12月第1版
印　　张	12.75	**印　　次**	2025年6月第6次印刷
字　　数	139 000	**定　　价**	39.00元

序 1

李君老师的新书《成为小作家》即将出版，我很高兴。

人们常说写作是给心灵一个说话的机会。李君老师在教学中，一直保持着一个教师可贵的激情。从激发学生写作兴趣入手，将学生心底的故事挖掘出来，将写作的情趣调动到“我要写”的状态，于是，普遍犯愁的“写作文”，就变成一件学生特别迫切想要去做的事情了。

书中的故事发生在 2015 年，此后三年时间里，李君老师一直启发和引领孩子们大胆写作。记得在孩子们进行创作时，我曾经到过李君老师的班，孩子们眼中流露出对写作的渴望，他们欣喜地向我介绍着他们自己创作的一个个故事、自己所写的“书籍”，还将自己签了字的作品送给我。那一刻，我真切地感觉到孩子们对语言文字的热爱，这不正是我们所追求的吗？

《成为小作家》真实地再现了李君老师如何激发孩子们的写作兴趣，直至孩子们写出一个个精彩故事的巧妙方法。她将影视作品中“镜头拆分”的方法应用在习作中，把生活中细心观察和体验到的事件或类似的经历打通，营造出打动人心的艺术真实；将想象中的童话世界、二次元世界、游戏世界与孩子们的创作无缝链接，使故事源于生活又高于生活。孩子们还在学校的梦剧场举办了“小作家大梦想”的“新书发布会”，激发了中关村三小一大批小作者开始动笔描绘自己的梦想。

我们常说，教育的真谛就是让孩子学会用自己的眼睛去观察，用自己的脑子去思考，用语言符号去表达丰富的感情。小学教育无小事，着力在细节，用心在微时，变化于无声之处。中关村三小是老师们追寻教育理想的大舞台，这里虽然并没有惊天动地的事，却拥有一大批脚踏实地、细心耕耘的引路人。他们与时代一同成长，愿意去聆听孩子们心底的声音，去感受、去发现他们眼中的世界和心中的梦想，帮助他们塑造更加阳光、更加健康向上的人格品质，让他们成长为有能力、有担当、受欢迎的人。

好的教育方式一定不是与孩子们疏离的，而是能走进孩子们内心世界的，是能激发他们无穷创造力的。李君老师的这本书便是一个很好的证明。以文学创作的方式在孩子们心里种下一颗跨界、开放、想象的种子，呵护孩子们对未知世界的好奇心和探索欲，正是我们教育的共同追求。

中关村第三小学校长　刘可钦

2020 年 12 月

序 2

李君老师的新书《成为小作家》就要出版了。我相信，每个即将读到这本书的孩子，从读这本书开始，就将踏上一段追寻梦想、实现梦想的旅程。在过去的几年里，李老师和她班上的同学们已经走过了这段追寻自己梦想的旅程，也有四分之一的孩子写出了自己的故事书，成为收获梦想的快乐的孩子。现在，李老师把自己陪伴孩子们追寻梦想的路径分享给更多的读者，为的就是鼓励和帮助更多的孩子实现自己的作家梦。

其实，分享是人的本性。每个孩子从牙牙学语开始，就试图和他人分享。幼儿时代，听故事和讲故事是每个孩子都非常喜欢的事。很多孩子都用简单的线条，画出各种各样的小人和小动物，用自己的画笔讲自己心中的故事。从进入小学开始，从会用笔写字起，把自己的喜怒哀乐、把自己的经历和幻想、把自己梦中的故事、把自己的一切的一切都用文字告诉别人，这是几乎所有孩子心中的梦想。这梦想就像一株暗暗生长的幼芽，悄悄地活在每个孩子的心里。但遗憾的是，孩子们心中这颗渴望表达的种子，经过几年的学校教育，不仅没有成长为青葱的小树，反而日渐枯萎，甚至变成难以打开的硬结。畏惧写作、不喜欢作文成了不少孩子的日常表现。

作为一名教育工作者、一名语文教育的研究者，我常常在想，是什么原因使我们的孩子从小学起就开始畏惧写作、不喜欢作文？作为教师的我们该如何突破这种困境？读过李君老师的书稿，我更坚定了自己的想法——珍视和激发孩子与人交流的意愿，珍视并启动孩子既有的经验，为孩子营造一个自由表达的场域，陪伴孩子展开一场用语言探索世界、建构经验的写作之旅，让孩子在写作中学会写作。

在这本书中，李君老师用自己班上孩子们的大量案例启发阅读这本书的同学：写作是一段奇妙的旅程，这段旅程的起点就是自己已有的经验。我们已经拥有了一个经验的宝库，让我们一起来打开它，用自己的笔自由地记下自己内心的故事，我们的创作之旅就此开始。看，我们班上的艾小米、王嘉昌、韦斯涵、曲明赫、赵慕尧、吴怡璇都跑到前面了，我们一起跟上！

对于阅读这本书的老师们，我想大家也会得到这样的启示：学校的作文教学固然是一种训练，但它绝不是为训练而做的训练。当一个孩子失去了表达的意愿时，所有的写作方法的训练都没有了意义。孩子同样是社会生活中的人，他们总在和自己周边的世界、和自己周边的人发生着各种各样的联系。他们需要表达，渴望分享。写作只是他们表达自己的理解、想象、感受的手段，表达和分享才是目的本身。因此，教师的首要任务是保持和进一步激发孩子表达和分享的热情。同时，我们也应该看到，孩子的世界不同于成人的世界。孩子不是缩小的成人。孩子的生活经验、孩子对世界的想象、孩子自己的情感才是他们表达的基础。孩子喜欢小猫小狗，但它们不一定是我们看到的小猫小狗，也不一定是老舍、郑振铎笔下的小猫小狗；它们在孩子眼里是“喵星人”“汪星人”。二次元、火影可能是孩子们的“现实世界”，这没有什么奇怪的。孩子们的“现实世界”，只是走向成人世界的一个起点。随着他们长大，他们眼中的世界会逐步改变。而且，通过写作活动本身，孩子们也会逐渐建构出一个新的经验世界。不少老师总在抱怨孩子的作文空洞、没内容，发愁孩子不知道写什么。孩子不知写什么或感觉没的可写，是因为我们做老师的、做家长的给孩子设了太多的限制。放开孩子的头脑，放飞孩子的想象，珍视孩子既有的经验，还孩子表达与分享的权力，孩子写作内容的所谓“问题”就不再是“问题”。

当孩子真正置身于一个想要表达、渴望分享的情境中时，他们自然会产生要把故事写得生动和编得曲折、引人入胜的愿望。每当这个时候，孩子会主动地寻求帮助，希望从老师、同学、作家的经验中获得方法和技巧的启发。写作方法的教学也只有在这样的情境中，才会变得有意义，才能真正被孩子所接纳。因此，写作方法的教学要服务于真实的写作需要，写作能力也只有在写作中才能形成和发展。

希望有更多的老师能像李君老师一样，珍视孩子表达和分享的意愿，珍视和启发孩子既有的经验，珍视和理解孩子们的世界，陪伴孩子们从他们自己的世界出发，一同踏上快乐的写作探索之旅。让孩子在真实的写作活动中学会写作、爱上表达、爱上分享，在分享中学会理解和创造。

王云峰

2020 年春 3 月于四毋书巢

王云峰，男，首都师范大学初等教育学院教授、语文课程与教学论方向硕士研究生导师，教育部语文课程标准研制组、修订组核心成员，北京市教育学会副理事长。曾任首都师范大学中文系副主任、初等教育学院副院长和北京教育科学研究院基础教育教学研究中心主任等职。

前言

为梦想执笔

写作就像一道光，文字所到之处，世界变得光彩夺目。写作又像一面色彩斑斓的魔镜，幻化出各种风景，让人置身其中，仿若开启了一场又一场的魔幻旅程。笔锋所向，心之所往，别无他由，快乐而已。

这本《成为小作家》不是教孩子“习作”训练的指导书，也不是供孩子借鉴模仿的作文选，而是一本教孩子如何自主创作的故事书，里面有各种各样的创作技巧与工具，还汇集了孩子们创作的点滴趣事，留下了我们追梦征途上浅浅深深的印记。

执教语文已经20多年，如何让孩子们爱上写作始终是我孜孜追求的事情。我认为，写作教学不应拘泥于“练”，而应该着力“想象”和“创造”；写作应该镌刻了孩子们年少时的青春印记，有着浓重的个性符号和鲜活的生命张力。少年时代是人生中最宝贵的时光，谁没有做过星星般迷离的梦？谁没有跟夜莺赛过歌喉？谁没有埋藏心灵深处的秘密花园？写作的过程就是将心中美好的画面勾勒出来，留下最美的语言。而这一切，还是我在书中努力去做的，让孩子们从内心出发，自发地去探寻创作所需的一切元素，科学、历史、神话、传说……他们对知识的提取不再是盲目地为了学习而学习，而是根据自己的需求去探寻，这一切对孩子的思维能力、想象能力、创新能力和研究能力的提升都大有裨益，更是开启孩子写作能力的金钥匙。

整整三年时光，我和“小魔法师”们一起激扬文字，一起造梦追梦，一起为梦想执笔；探讨交流、查阅资料、户外写生、实地调研，在都市郊野留下了我们的足迹，在班级分享中留下许多欢乐的笑声。《重生——绝世特工》《回归荒野》《鬼探》……一个个像雨后春笋般冒出。35个故事印制成书，是孩子们送给自己小学生涯最珍贵的礼物，是他们的校园青春之作、启蒙之作，是载有他们童年印记的幸福成果。他们不仅获得了坚持、团队合作的品质，最关键的是，保留了那份对文学最纯真的爱。在文学想象的世界里，他们天马行空、古灵精怪，甚至常常在N次元世界自由穿梭……但笔下却波澜壮阔，恢弘缜密的背景设定、跌宕起伏的情节发展、个性鲜明的人物塑造，总能带给我不同的惊喜，甚至读着读着便手之舞之、足之蹈之。在追梦途中，我早已不单单是位听众，也是魔法创作团的一员。每次惊心动魄地阅读后，就算再忙，我也要第一时间为孩子的作品写序，为每个“小魔法师”的成长蜕变赞叹。

如今，这批小作者们已经升入高中，许多当年的“小作家”都走进了理想的学府，依然保留着对写作浓厚的兴趣。《回归荒野》的作者吴怡璇留学英国；《重生——绝世特工》的作者韦斯涵考入清华附中高中部；《元素大师》的作者赵慕尧考入人大附中高中部；《梦镜晴空》的作者马兰欣直升北大附中高中部；《十二星座之荒岛生存记》的作者曲明赫考入人大附中高中部；《宠物日记》的作者史若兰考入人大附中高中部；《猫武士之绝地拯救》的作者王奕霏考入人大附中高中部；《鲛姬若人》的作者易峻禾考入人大附中高中部；《火影忍者之瞳力无双》和《混沌之巅》的作者王嘉昌留学国外；《幻影特工》的作者杨昊霖直升入101中学高中部……

还记得当年在“新书发布会”上有位专家向我提问：“你对孩子们将来写作的期望是什么？”我坦诚答道：“想在他们心中埋下一颗热爱文学的种子，不论孩子们将来是否继续创作，也不论未来他们从事哪个行业，只要一想起曾为梦想写作过，这便是一件甜蜜而幸福的事。”

以梦为马，不负韶华。希望所有看到这本书的孩子都能感受到创作带给你们的快乐，能运用你们超凡的想象力，将心中所思、脑中所想从笔尖输出。为梦想执笔，以纯真之心书写眼中世界、胸中梦想，把最好最精彩的故事讲给爱你、懂你的人听！

感谢本书编辑在成书的过程中给予的建议，感谢身边给我支持的每一个亲人和朋友。

李君

2020 年 9 月

目录

第一章 唤醒写作思维 / 001

站在文字链的顶端，我笔写我心 / 002

一段奇妙的旅程，一个美好的回忆 / 004

魔法开启，二次元世界的故事加持 / 007

第二章 给素材插上想象的翅膀 / 013

Only you，选定兴趣点作主题 / 014

从影视作品中选取素材 / 015

以生活中的事件为原型 / 016

以奇思妙想的梦为素材 / 017

第三章 故事的框架结构 / 019

我的地盘我做主——设计一个主控思想 / 020

设定主人公的行动目标 / 021

故事过山车，确定关键点 / 023

让想象飞一会儿，然后连线编网 / 026

第四章 谁在讲故事？ / 037

第一人称——主人公眼里的世界 / 038

无所不知的第三人称——全能视角开写啦 / 039

有限的第三人称——小人物讲故事 / 042

第五章 创造难忘的人物 / 045
寻找原型塑造人物形象 / 046
用想象力来创造人物 / 047
极致召唤——依据情节需要设计人物形象 / 049

第六章 让人物之间建立联系 / 052
给人物写简介 / 053
塑造人物的品质和个性 / 054
添加人物的个性标识 / 055
创造有缺点的人物 / 056
来一点儿刺激——构建人物形象的矛盾性 / 060
搭建人物之间的结构关系 / 063

第七章 精彩的开头 / 068
冲突来啦！停不下来 / 069
以吸引人的场景开头 / 071
以等待破解的谜题作为切入点 / 073

第八章 伏笔和照应 / 076
说话还能埋伏笔？好厉害！ / 077
肖像为伏笔，人脸藏玄机 / 079
巧设物件伏笔，魔法秘密加持 / 080
千万别小看环境，里面有玄机！ / 081
玩捉迷藏啦，把宝藏藏在哪里好呢？ / 082
我的心还悬着呢！别忘了应笔啊！ / 085

第九章 回味无穷的结局 / 088
幸福圆满的大结局 / 089

揭谜式结局 / 091
设置新的谜题 / 093
展望未来的结尾 / 095
反转式意外结局 / 096

第十章 地点和环境 / 098
巧妙描写整个故事的大环境 / 099
环境与时代同步 / 099
自然环境 / 101
社会环境 / 102
环境随着人物走，连贯时空 / 103
环境具有人的情感 / 105
环境描写对情节转折的暗示 / 108

第十一章 情节 / 111
镜头拆分 / 112
设置矛盾冲突 / 114
社会与个人之间的矛盾 / 118
意料中的意外，绝对爽到骨子里了！ / 119
全新的人物带来全新的反转能量 / 120
能量值加持 / 121
有节奏地创作，依据故事设置情节脉络 / 123

第十二章 此起彼伏的悬念 / 126
贯穿全文的悬念 / 127
别急，别急，休息！休息！ / 129
嘘！提前透露一个小秘密 / 132
奇趣连连碰——反常之事必有玄机 / 134

冲突进阶，悬而未决 / 136
放慢节奏，设置悬念 / 137

第十三章 文学作品的声音 / 140
一口一语界，一人一话风 / 141
直白太别扭，还是用潜台词吧 / 144
拐着弯说话 / 146
高明的冲突式对话 / 148
肚子里的悄悄话，你知道吗？ / 150
概述性语言的巧妙运用 / 152

第十四章 魔法技巧篇 / 156
魔法技巧第一式——用动作替代修饰副词 / 157
魔法技巧第二式——铺垫这个 idea 很炫，立即记下吧！ / 160
魔法技巧第三式——用超凡的想象力制造不可预测性 / 163
魔法技巧第四式——比喻要有品位 / 165
魔法技巧第五式——让文字充满温度 / 166
魔法技巧第六式——我在写作，请多关照！ / 168
魔法技巧第七式——灵感捕捉 / 170

第十五章 修改 / 173
我的经典？No，改后更棒！ / 174
修改沉淀法 / 177
读者群是笔大宝藏！ / 178
修改清单 / 179
修改加减法 / 183
感动自己，就一定能感动别人 / 184

第一章 唤醒写作思维

写作是一种探险，
那惊喜刺激的感觉，
只有探索其中，
才能体会。

写作是一种享受，
仿若沙漠中饥渴的路人遇到泉水，
只有润到心底，
才能品其甘甜。

写作是一种坚持，
那收获的滋味，
只有认真品尝过的人，
才能获得。

写作是一种幸福，
它把梦想变成文字，
记录下独家的记忆，
那将是一件多么美妙幸福的事！

有这样一个故事：

三粒平凡的种子静静地躺在粮仓里很多年，它们不想再做安静的种子，可又实在动不了，于是每天夜里都向窗外的夜空许愿：放我重生，哪怕燃成灰烬！一位仙女偶然间听到了它们的心声，于是略施魔法，放它们出来。奇迹出现了：一粒种在泥土里，开出一坡彩色的花；一粒种在池塘里，结出一群黑色的小蝌蚪；一粒种在天空里，变出一个亮闪闪的夜……

其实，每一个“你”都是一粒“种子”，在每一个“你”的心里都有一本未曾开启的魔法宝典，只需找到那把合适的金钥匙，轻轻一转，宝典就将开启！现在，请你拿出纸和笔，乘着想象力的翅膀飞翔，和我一起踏上奇妙而有趣的畅想之旅。

站在文字链的顶端，我笔写我心

我喜欢幻想，幻想中的世界都很难忘。但是有一天，我忽然觉得那些幻想只存在于脑子里面太可惜了，有时候还会忘记，所以，我就准备写一个幻想中的世界。在幻想中的世界里创造，创造生命中的生活，是一件很美好的事情。因此，我决定写小说，这就是我的第一本——也是我自己独创的第一本小说。

——艾小米①

我们每天都面对着各种各样有意思的人：爱搞怪的同学，戴着粗框眼镜诲人不倦的老师，还有前一秒温柔、后一秒就有可能河东狮吼的妈妈……而我们，也行走在每一处微小的风景当中：街角喵喵叫的喵星人，空气里飘着的栀子花的气味，公交车上帅气男生嘴唇周围一圈淡淡的绒毛……虽然会为生活和学业而烦恼，

① 艾小米，中关村三小 2017 届毕业生，后升入清华附中。此为艾小米五年级所写。

但也会嗅到小确幸的味道，嘴角也会荡漾起甜蜜的微笑。生活，充满了故事。在这一刻，只要你提起笔，创作之门就会打开。无须为了写而写。你写，只是因为这种记录有趣，你想要以文字的形式把它记录下来，让它留在清澈的青春长河里，永远缓缓涌动。

笔尖是我们触碰世界之门的钥匙，文字是我们年少不灭的印记。我们可以用手中的笔与这个世界对话，勾画出脑海中美好的梦想，让生活充满无限的可能。我们可以最大限度地接近和还原生活，可以创造一个全新的世界，可以回到过去，可以憧憬未来——这所有的一切，都由立于文字链顶端的你来创造。

我的学生王嘉昌是一个火影迷，他经常梦见自己穿越到神奇的火影世界，在那里，各种奇遇层出不穷、精彩无限。于是，他将自己一直以来的梦想编成了精彩的故事，在小说中实现。他在《火影忍者之瞳力无双》中写道：

> 尹烈从小就是个火影迷，对火影的热情使他强制性地把忍界的一切东西全部背了下来，包括许多复杂晦涩的结印咒语之类。因此，他也一直期盼着能像小说里那样穿越到火影世界，今天的怪事让他有点隐隐的期待。
>
> 尹烈走出房门，眼前是一个标准的中式房间。打开大厅大门，刺眼的阳光照得他睁不开双眼。尹烈稍稍伸手遮挡，耳边突然传来一个熟悉的声音：“止水，你起了？”尹烈转头，不禁欣喜若狂，看到眼前的人，听见他说的话，使他更加确认自己来到了火影世界。
>
> 眼前的人就是宇智波静——宇智波止水的爸爸。尹烈因此确认了自己的身份——火影世界里的超级天才宇智波止水！

在接下来的故事里，王嘉昌这个小淘气包竟然将学习的任务交给“分身”去做，自己却逃遁去火影世界探险了，更为神奇的是，他竟然能将两个平行世界的生活打理得井井有条：

> 尹烈回到现实，意识到自己可能快要迟到了，赶紧飞奔过去。
>
> 到了学校，刚要冲进大门，他突然急停了下来，想起了什么似的，左

手食指与中指立在胸前，右手食指、中指立在左手前，大喊：“影分身之术！”“砰！”白雾浮现，一个与尹烈一模一样的分身站在右边。尹烈顿时兴奋起来，自己在忍界结的第一个印竟然这么成功！把影分身上下打量了一番，然后向丛林跑去，命令影分身去学校好好上课。

生活本身就是一个充满了灵动色彩的世界，各种美好交织在一起，有喜悦，有幸福，也有悲伤和痛苦，这样多姿多彩的世界对每一个人来说都是一种真切的触动。当你进行文学创作时，那些精彩的画面会一直在你眼前浮现。我们用手中的笔书写日常生活中看到的场景、事件，并将其迁移到我们的文学创作中时，不用挖空心思来迎合任何人，只需要按照当时的情节发展去叙述就可以了。文字转化成画面的同时，也将画面转化成文字，二者之间可随时自由切换。透过文字体会背后的故事，这样书写下来的东西本身就带有感情色彩，让全世界都感同身受。

实战小练笔

未来世界是充满高科技的时代，数字战争已经悄然来临，一股恐怖势力通过魔幻数字技术让整个互联网瘫痪了，世界陷入一片恐慌之中。现在，整个世界呼唤你来拯救，你需要立刻召集所有拥有正能量的数学天才，一起组建方阵编码，用数字技术拯救整个人类世界。请你写出此刻的心情、你对世界的执着热爱、历尽艰险完成最终使命的过程，简要描述即可。

一段奇妙的旅程，一个美好的回忆

“世界那么大，我想去看看”成为当下流行的网络用语。世界那么大，确实很有吸引力，但对于一个旅行者来说，仅仅是看看，可能若干年以后就会逐渐忘记。在每段旅行中，一定有许多让你印象深刻、难以忘怀的人或事，停留在你记忆深处的角落里，成为一段美丽的回忆。你可以尝试将这段奇妙的旅行写成文字，将这份美好永远保留下来，让瞬间成为永恒。

在旅行中尝试将自己的经历用语言描述出来，比如打电话给远方的亲人、朋友或同学，向他们讲述旅游见闻。还可以将自己的体验都记录下来，你看到了什么、听到了什么、想到了什么，在休息时就将当天看到、听到、想到的一切记录下来。可以用华丽的辞藻，也可以用平实的语言；可以悲伤，可以抒情，可以议论，等等，率性而为，我手写我心。

曲明赫是我的学生，一个特别有想象力的女孩，她在参加了一次暑假夏令营之后，创作了绘本《小豆豆报》，这就是一种很好的记录：

暑假里，我参加了一个名叫“乐和仙谷”的夏令营。其中有一个体验种豆的环节。我们翻地、种豆、浇水、施肥。几天过后，看着破土而出的豆豆新芽如此娇嫩、如此美丽，生命的奇迹瞬间点燃了我创作的灵感。我要记录

《小豆豆报》（曲明赫）

下小豆豆这种神奇的植物，赋予它新的活力，让它来到我们中间！于是，我开始创作《小豆豆报》。故事讲述的是一段发生在豆豆世界的奇妙旅行，四个小豆豆一路欢笑，克服了许多困难，完成了一件件看似不可能的事情，在这个过程中收获了真挚的友谊。

曲明赫是用绘本的方式记录的。你可以用更多好玩、有趣的方式来写一写，比如小视频直播、发微博、微信朋友圈分享等；还可以借助语音转文字小助手，随时随地将自己的所见、所闻、所思记录下来。慢慢地，积累越来越多，你的口语表达和写作能力也会在不知不觉中增强。

假如你喜欢宅在家里，或者没有时间出去旅游，那也没关系，只要你留心观察身边的景物，哪儿出现了明显的变化、哪儿发生了特别有意思的事情，比如在电视上看到一场游泳比赛、定向越野等，都可以用你喜欢的方式记录下来，重要的是养成一种自由写作的习惯。让画面、思想在笔尖尽情挥洒，享受写作的乐趣，创造你的秘密花园，为以后的创作积累素材和第一手资料。

实战小练笔

2022 年冬季，中国首都北京，你和几个小伙伴到天坛参观。在游览中，你无意之中触摸到了石壁上巨龙的眼睛，没想到，令人惊奇的事情发生了！石壁将你和小伙伴们的身体吸了进去，你们来到了 25 世纪，变成了身穿铠甲、高 3 米的智能铠甲勇士。原来是龙的力量召唤了你们，你们本来就是被遗忘在时光隧道里的铠甲勇士。这时，地球正在遭受外星人的攻击。你们看到了什么？内心感受如何？你们会做些什么？请为身边的人讲一讲这段奇妙的故事，并将故事和你的真实体验记录下来。

魔法开启，二次元世界的故事加持

我是一个喜欢看玄幻小说的男孩，我脑子中经常有一些我自己幻想出的玄幻小说里的人物。我不想让它仅仅是一个想法，我想用“写”的方式把它记录下来。

——朱颉[①]

写作是有魔力的。开启写作的征程，仿若你的笔被施加了魔法一般，一旦开始，便无法停歇。

二次元世界并不是真实存在于人类世界的，它是我们人类幻想出来的一个世界。许多人喜欢看二次元世界的故事，因为它将我们脑中幻化出的情节与现实中的场景生动地结合起来。它重新拟定了游戏规则和生存法则，不仅好看，还很好玩。

童话故事加盟

我们常说童话里都是骗人的，例如，白雪公主会嫁给白马王子，过上幸福快乐的日子，然而现实生活往往并非如此。其实，童话世界就是我们人类在内心创造出来的美好世界。你也可以是童话的创造者，你还可以改编经典童话。比如在《小红帽》中，大灰狼掉入井中会不会有奇遇？小红帽是否会吸取教训，以后不告诉陌生人自己的行走路线？说不定，你对一些童话故事的情节或者结局有自己的想法。你可以对童话中的人物发展轨迹进行更改，然后施加自己的魔法，让他们拥有更多的奇幻色彩，或者遇到更多的幸运。恭喜你，这个童话是属于你的。

动画故事修炼

儿时的我们都是在动画的陪伴下长大的，动画里有很多拨动我们心弦的美妙故事。那么，动画里的人物剧情可否由我们自己来改写呢？

① 朱颉，中关村三小 2017 届毕业生，后升入首师大附中。此为朱颉五年级时所写。

在《小猪佩奇》中，粉红猪小妹是一只非常可爱的粉红小猪，她与弟弟乔治、爸爸还有妈妈快乐地生活在一起。粉红猪小妹最喜欢做的事情是玩游戏，喜欢把自己打扮得漂漂亮亮的，喜欢度假，还喜欢在小泥坑里快乐地跳上跳下。除了这些，她还喜欢到处探险，虽然有时候会遇到一些小状况，但总可以化险为夷，而且会带给大家意外的惊喜。

动画故事里发生了许多有趣的事情，你想不想创造你自己的故事情节，对动画故事进行续写、改编呢？没准它的续集就会采用你的剧本呢！

根据小鲤鱼跳龙门的故事创编绘本《小鲤鱼旅游记》（徐菡悦）

漫画人物现身

每一个少年的心中都有一个美丽的漫画故事，《海贼王》《火影忍者》《猎人》……也许你自己就是某类漫画人物的代表。想过给自己画一幅漫画吗？想过把漫画改编成文学作品吗？可能许多人都看过《七龙珠》，孙悟空在寻找传说中的七龙珠时粉碎了野心勃勃的比克想要一统天下的野心，在这段惊险的旅途中，神秘的龙珠开始召唤主人，孙悟空拯救了世界。这部漫画后来改编成了电影。《变形金刚》最初也是一部漫画作品，后来被拍成了动画片和电影，各个年龄层的人都很喜欢。这些漫画人物都是由作家带入生活之中的。你也可以从一个漫画人物开始，将内心的悸动、头脑中奔腾的想象化为文字，走进读者的心田。

根据漫画《海贼王》创作的绘本《冒险号》（刘美奂）

游戏技能爆棚

我们可以接触到很多好玩的游戏，但是，由于学习和生活的要求，大多数游戏我们都只能浅尝辄止。可游戏中的人物依旧在游戏世界里等待着你，等你去攻克更多的难关。有些游戏人物不能按照自己想象的路径前行，对你来说也是件很苦恼的事情。

你可以将游戏中的人物引入你的作品之中，做一下改动，让故事情节按照你创设的线路发展，用自己喜欢的游戏笔锋去书写每一个人物：他的装备、性格特征、出身、成长轨迹，他所要攻克的各种难关，他所要追寻的情感归宿，等等。创作开始后，你会发现，游戏世界远没有你自己创造的二次元世界好玩。因为只有在你创造的世界，你才是真正的主宰！

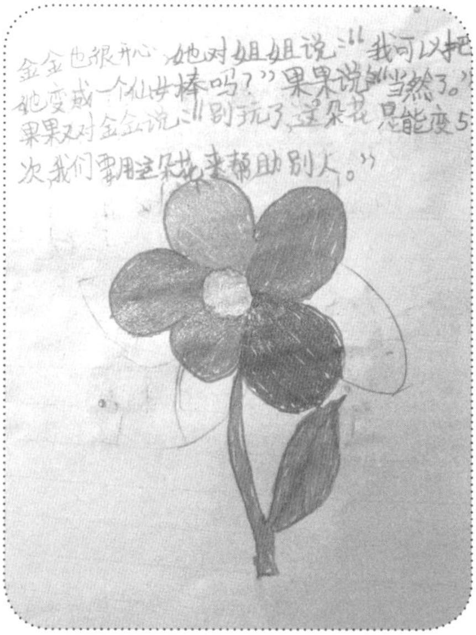

《变形花》（陈子妤），灵感来源于《植物大战僵尸》

我的二次元世界

二次元世界是作者在自己头脑中建立的完全虚拟的世界。如果说很多故事还有原型故事的依托，那二次元世界就全凭想象了。我们可以创建无限的幻想空间，把满脑袋跑动的火车、各种奇幻的世界变成文字和画面记录下来。《地狱温泉》《混沌之巅》《元素大师》《梦幻神域之战争崛起》《火影忍者之瞳力无双》等一系列二次元故事，就是我的学生在五年级时创作的，他们不仅创造了一个世界，还制定了这个世界的生存法则和游戏规则。

《搞笑章鱼和海岸警卫队》（戴明轩）

赵慕尧在《元素大师》中创造了一个万物伊始、世纪之初的世界，他是这样写的：

> 这是一个寂静的世界，没有任何物质，包括万物的开端——元素。
>
> 突然，一个金黄的亮点出现了，出现得那样突然，以至于不仔细观察，就不可能发现它，如同空气中的一粒尘埃。但是，它在扩大，它在吞噬周边的寂静。慢慢地，我们可以清楚地看见它了。再然后，它已经蚕食了整个黑暗的五分之一……四分之一……三分之一……二分之一……
>
> 这就是后世所称的“开天辟地”时代。
>
> 不知过了多久，寂静突然消失了，如同那个金黄色小点的出现一样突然。但是，寂静消失了，永远地消失了。

在赵慕尧的故事中，世界由风、火、水、土四大魔法元素构成。他为主人公设计了专属的神怪，每一个神怪的属性还要与主人公所属的星座匹配。小作者想象力非常丰富，又不会让人觉得不合理。故事的主人公坚持不懈，不断攻克难关，终于抵达梦想中的“基地”。

二次元世界的故事有很多，你也可以创作出专属于你的故事。

实战小练笔

你非常喜欢养狗，养了一条叫 Lucky 的大白熊狗，你们幸福地生活在一起，已经 3 年了。从狗狗的眼中，你都能看到它对你真挚的感情。每次轻轻抚摸狗狗的头，你似乎都能感觉到，在许多年前你曾这样做过。

一天夜里，你梦见有一个白胡子老爷爷从云遮雾绕的远方飘落下来，对你说，你和狗狗已经落入凡间 200 年了，经历了三生三世的轮回。你和 Lucky 原是天上王母娘娘瑶池中的两朵莲花……

请你大胆展开想象，将梦境中的故事继续讲下去。

我的作品

1. 如果你的梦能预见未来，你看到的未来的自己是什么样子的？

2. 如果你会隐身，你想去哪里？看见什么？你会特别向往什么事情？

3. 如果给你一种特异功能，你希望是什么？它能让你实现什么样的梦想？

4. 如果你能听懂世界上所有动物的语言，你想做什么？你觉得最亲密的朋友是什么动物？

5. 你看过的哪部动画片或者漫画让你流连忘返？哪个游戏让你欲罢不能？哪个故事让你魂牵梦绕？拿起你的笔，大胆想象，把你心中最想讲的故事写出来，描述你生命中最想记住的幸福瞬间。

第二章 给素材插上想象的翅膀

全新的时代，
大胆的梦想，
阳光下，
带着青春和墨香去旅行。

探寻灵感之源，
搜索脑中的幻影，
穿梭二次元的空间，
让梦想在笔尖纵横驰骋。

以梦为马，
不负韶华，
站在文字链的顶端，
俯瞰世间最有魅力的风景。

未来的某日清晨，同学们刚吃完机器人小白做的早餐，便坐上自己专属的单人飞行器，从窗口腾空而起。几分钟后，到达学校上方的天空小站，大家按照飞行器自主指令有序降落在操场上。“Good morning！”“老师好！”每日炫酷的学校生活开始啦！不仅如此，未来世界人们外出游玩、购物消费、走亲访友统统在云端穿梭，一站到达。万物互联，随处可见的酷炫黑科技、体贴入微的智能机器人、无所不能的云大脑……

未来的世界到底会有多好玩、多精彩，谁又知道呢？聪明的你——未来时代的小主人，将会拥有神奇而美妙的人生体验，见证全新时代所赋予的一切可能。这不仅仅是一个梦，还是一项大胆的创作。你可以打造一个属于自己的理想王国，记录下王国里少年时代的点点滴滴，把它讲给爱你、懂你的人听。

Only you，选定兴趣点作主题

创作就是讲故事，这事你能行！

每一个人生活的环境不同，也就造成了自己身边的伙伴不一样，遇到的事情也不一样。但不管你生活在什么样的环境之中，你总能遇到感兴趣的人或事。仔细观察你生活中的新闻或事件，人们遇到的难题、困境和冲突都可以成为你创作的素材。

举一个身边的例子。我的学生韦斯涵是一个略微内向的男孩子，他喜欢看书，尤其喜欢看特工系列，他最大的梦想就是成为一名特工。2016 年有部大片《王牌特工：特工学院》上映，他非常喜欢，去电影院看了两遍。此后，他又阅读了许多特工类的图书，书中的人物不停地在他的脑中打架，甚至他做梦都能梦到自己成为一名绝世特工，在人间伸张正义。与同学们在一起的时候，他喜欢谈论他脑中的想法，许多人觉得他的想法不切实际，但他坚持认为这是他梦寐以求的理想。他开始偷偷规划自己的写作进程，后来用了一个学期的时间完成了他的作品：《重生——绝世特工》。在书中，他化身一名绝世特工，解除了一个又一个离奇的危机，通过创作实现了他的梦想。这本书也受到了班上所有同学的关注，他也因此成为

班里的写作大咖。

你感兴趣的点可能和别人不同，不要紧，只要是自己特别感兴趣的，就可以先写下来。把感兴趣的地方写清楚，并且问问自己为什么感兴趣。如果持续一段时间，你对这件事仍然兴趣浓厚，那么它就是你最好的创作主题。

从影视作品中选取素材

《十二星座之荒岛生存记》是曲明赫写的故事，她是一个身材瘦小的女生，却特别喜欢看《荒野求生》，每次看到主人公克服重重困难，都让她满心向往，迫切期待自己可以来一场惊天动地的荒野求生，去体味那人与大自然的和谐统一。她几次向爸爸妈妈申请到原始森林待一个月，真正做到像《荒野求生》中的主人公一样，体验原始人类那种征服万物的感受，但父母坚决不同意，原因是他们自己都不敢在原始森林里生活一个月，他们担心一个月后就找不到曲明赫了。所以，她的梦想一直无法实现。

她觉得自己可以创作一个故事，通过故事中的人物来实现她许久不曾实现或者永远无法实现的梦想。于是，《十二星座之荒岛生存记》的创作开始了。为了写这部书，她还特意去野鸭湖露营，半夜到附近的森林去探险，早晨骑着脚踏车去采风，甚至恶补了许多关于野外生存的知识，对狩猎各种动物也都做了深入了解，俨然一个小专家。

艺术来源于生活。我们可以像曲明赫这样，从影视作品中选取素材作为自己创作的灵感。在眼前的一幕幕触及心底的那一刻，抓住内心真实的感觉，把它们不加修饰地写出来，这样的文字是带着你的情感温度的。

以生活中的事件为原型

每天，我们的生活中都有新鲜的事情发生，有些可能是身边的事情，亲眼就能看到；有些则距离我们很远，通过媒体才能知道。这些事情能迅速吸引我们的眼球，让我们关注它们。你可以从这样的事情入手来写，比如美国的最新科技武器——“小蜜蜂机器人”，体积微小但能量巨大，能作为战场上具有杀伤力的致命武器，执行各种高难度的任务。你若知道这种最新武器，就可以在故事里加入这个元素，或者以这种高科技武器的研发作为故事的大背景，让科学家们去跟外星入侵者展开殊死的搏斗，最后多亏了小蜜蜂机器人，才取得胜利。

你选择的故事本身要尽量有吸引力，如果连你自己都不能被吸引、不能被感动，那又怎能感动别人呢？

对许多喜欢创作的小作家来说，写作是一件极其幸福的事情：许多想象中的人物在脑中诞生，慢慢成长，他们经历的磨难、危险都是自己设计的，这让自己有一种主宰一切的感觉，一旦开写，就如同开闸的水，一发不可收拾。

举个例子，现在许多女孩都特别霸气，尤其是在与男生相处的过程中，如果被男同学惹到，那可不得了。前面提到的学生作品《元素大师》，作者就将班级里个性鲜明的女生写成了自己故事里的主人公：

风疾：疾恶如仇，有领导才能，很霸道，觉得自己很美丽。

火允：呆萌可爱，傻乎乎的，甜美霸气型。

土伊：古灵精怪的大姐头，易怒，有细致入微的观察力。

水鹊：冲动型，口无遮拦，说话直击别人的弱点，心态阳光，好助人为乐、打抱不平。

作者以她们在奇幻世界的历险作为创作内容，依据她们的性格特征设定了许多磨难，把整个宇宙所有的空间都设定为她们探险的去处，把自己则写成了拯救世界的宙斯，故事生动感人，大家都非常喜欢看。

以奇思妙想的梦为素材

早在我国古代，梦境就常被一些文人拿来写作。有三个梦境是最有名的：一个是庄生晓梦（迷蝴蝶），一个是南柯一梦，还有一个是黄粱一梦。这三个梦境成为我们经常使用的成语。

人人都会做梦，不只是美好的白日梦，还有令人恐惧的噩梦，这些都可以作为写作的素材。比如说做了一个噩梦，里面往往有冲突，具有故事性，我们可以及时把它记录下来，点点滴滴积累起来，再经过加工或者串联，就可能形成一个故事。许多优秀的作品就是由梦境衍生出来的文学作品，比如19世纪英国作家兼牛津大学数学教师刘易斯·卡罗尔所著的《爱丽丝梦游仙境》，讲述的故事就是主人公爱丽丝在梦中探险过程中，不断地认识自我、不断地成长，最终长成了一个“大”姑娘。美国著名作家斯蒂芬妮·梅尔说她创作《暮光之城》的灵感就是源自一个梦，梦里一个男孩和一个女孩躺在草地上，这个画面也是电影《暮光之城》第一部中的镜头。

梦境究竟是如何创造出来的，科学家至今没有确切的答案。但是，各种离奇的梦境总是突然而至。畅游在梦境中，会有各种奇遇、冒险。

现在的你，正值爱做梦的年龄，脑中各种奇特的梦境都可能成为创作的素材，千万不要浪费。把它们记录下来，那些光怪陆离的故事很可能会成为最有创意的素材！

实战小练笔

从以下两个选项中任选一项，设计你的故事“源代码”：

1. 最近你看过哪部激动人心的电影？你想成为哪部电影的主人公？你会做些什么？如果将它写成小说，你面临的难题是什么？这个难题主要来自哪里？

2. 看一看最近有什么新闻大事件引发公众的广泛关注，从中挑选一个，作为你的故事“源代码”。

我的作品

现在，你的脑中一定充满了各种有意思的画面，先把它们都罗列出来，写一写、画一画，然后挑选出最令你魂牵梦绕的那个故事。好，就它了！用这个素材开始创作吧。

素材一：

素材二：

素材三：

故事：

第三章

故事的框架结构

像我这样
讲故事的人，
有时只是想到了开头，
却不知结局早已弥漫在故事里。

或许会有
高潮迭起，
我瞒下这个世界，
只是继续讲述醉人的你。

满腹的故事
一下扑进怀里，
透过长长的扉页，
散落在纸张的点点滴滴。

当一阵思绪飘过，
充斥着满心的幸福，
淡淡的墨痕中
追逐生命中最执着的印记。

写故事之前，要先确定故事的框架结构，让故事拥有自己的骨架。要知道，如果没有目标地创作，很容易写着写着就写跑了。所以，在创作之前，你要确定好大致的框架结构。而要确定这个故事结构，先要明确你的主控思想是什么，其次要明确你的故事主人公要做什么，也就是他的行动目标。

我的地盘我做主——设计一个主控思想

每一部作品都有自己的主控思想，也就是作者的思想和认识。这个主控思想不是强加给读者的，而是通过故事让读者感同身受，这种感同身受往往来源于读者对主人公境遇的理解。

我们知道，《西游记》是一部成长小说，虽然主要的故事是唐僧去西天取经，但作者从孙悟空写起，孙悟空是第一主角。作者写孙悟空如何从石中诞生、如何成了美猴王、如何外出学艺、如何大闹天宫、如何被压在五指山下 500 年，然后才写唐僧的出生与接受取经使命。为什么要这样写？究其原因，在于作者的写作意图，也就是他的主控思想。唐僧西天取经的故事只是作者借用的一个壳，作者的主控思想，他的根本目的，在于借用魔幻的手法赞扬敢于反叛的英雄，暗讽时政，同时梳理一下中国道佛合流的神话系统。当时的明朝社会是黑暗的，反映在小说中就是神仙亲信下界为妖魔，帝王为治病吃小孩、灭佛，道士为修炼胡作非为、强抢民女、用活人祭祀，和尚收人事，等等。

一个主控思想往往贯穿全文的始终，使主人公的境遇、故事冲突都显得特别合理，即使作者自己不讲话， 读者也能感同身受，这样的故事读起来更流畅、更真实。

许多人都读过《小王子》，这本书的主控思想可以概括为：人要追求内心的安宁和快乐。小王子拜访了六个星球，他拜访的第七个星球就是地球，地球上有各种各样的人，这些人虽然各有各的荒唐，或利欲熏心，或爱慕虚荣，或颓废贪杯，或财迷心窍，或冥顽不灵，或脱离实际，但他们共同的特点就是过于关注外在的东西，从而丧失了内心的安宁和快乐。最令人钦佩的是，作者安托万在

《小王子》中隐含了如此丰富、如此深刻的思想，但他所用的文字却特别朴素和纯净。

设定主控思想时，一定要问问自己的内心：我对这个故事有什么看法，我有什么期待。然后再看主控思想是否有价值、是否符合大家的普遍认知，故事的内容与主控思想的关联是否密切。你的主控思想一定是自己内心呼之欲出的声音，通过文字潜移默化地呈现出来，可能看不见、摸不着，但一定是有血有肉的，能感动人、鼓舞人。

实战小练笔

一个少年对桥牌很有天赋，却被胁迫一定要输掉一场比赛。这件事被比赛的组织者察觉到了，他试图通过支持少年让一切回到正轨。请你在头脑中建构一个符合故事情节的主人公。思考一下：故事中的主人公是一个什么样的人？故事中的反面人物是什么样的人？你想通过故事表达什么感受？你希望主人公的境遇如何？你设定的故事主控思想是什么？你想通过什么方式表达出来？

设定主人公的行动目标

故事中的主人公是有血有肉、有情感波动的真实人物，他的思想可能是变化的，但他追求的目标是明确的，这个目标的设定要与作品的内容和主控思想一致。

比如大家熟悉的《小蝌蚪找妈妈》，这个故事就是以小蝌蚪找妈妈为行动目标。为了寻找妈妈，小蝌蚪们四处游历，去寻找它们的妈妈。凡是看到与它们长得有点相似的动物，就去问一问。所以，每一次遇见动物去询问，都是它们的阶段性目标。小蝌蚪们所有的行动都是为了找到它们的妈妈，找妈妈就是故事的中心，所有的事件都是围绕着找妈妈展开的。

又如电影《红海行动》，行动目标就是撤侨。非洲北部伊维亚共和国发生政变，恐怖组织连同叛军攻入首都，当地华侨面临危险，海军战舰接到上级命令前往执行撤侨任务，蛟龙突击队八人整装待发。时间紧迫，在“撤侨遇袭可反击，相反则必须避免交火，以免引起外交冲突”的大原则下，海军战舰及蛟龙突击队深入伊维亚，在恶劣的环境中，借助海陆等多种装备，成功转移了等候在码头的中国侨民，并在激烈的遭遇战之后，营救了被恐怖分子追击的中国领事馆巴士。然而，事情尚未完结，就在掩护华侨撤离之际，蛟龙突击队收到中国人质被恐怖分子劫持的消息。众人深感责任重大，义无反顾地再度展开营救行动。最终，人质成功获救，蛟龙突击队圆满完成了撤侨任务。

故事中主人公行动目标的设定要有指向性，围绕着这个行动目标，主人公可能会遇到各种各样的困难，他要不断突破困难去实现目标。

实战小练笔

福特是一名退休特工，他拥有一个幸福的家庭。一天，他与家人团聚时突然遭到不明人员的攻击，妻子和女儿不幸被抓走。

请你设计一下福特的行动目标，即他接下来要做什么。然后进一步思考：他是怎么做的？他先做什么？再做什么？遇到了什么困难？怎么解决的？

行动目标	
怎么做的	
先做什么	
再做什么	
遇到的困难	
怎么解决	

故事过山车，确定关键点

有了主控思想和行动目标，就可以考虑故事的结构了。我们要先从故事素材中提炼出一些重要的事件，找到一个能涵盖故事始末的事件，然后把它分成若干个小故事，用一句话来概括每个小故事。把这些小故事以一定的方式组织起来，就是设计故事结构。

这里主要介绍两种常用结构：树状结构和突转式结构。

树状结构

大家都喜欢看《西游记》，这个故事可以看成树状结构。作者首先设计了一个大的故事：唐僧师徒四人前往西天取经。其次，在西天取经故事的基础上设计了九九八十一难，基本上每一难都是唐僧被抓了或者某人在某地遭难了，然后徒弟们去营救。因为取经的路线是固定的，所以路线即时间，即便是不熟悉古西域地名的读者，把其中一些故事的次序弄错了，也不影响阅读，甚至每一回都可以当作一个独立的短篇小说来看。

作者脑海中藏有一个丰富多彩的神话世界，里面有各式各样的故事，总是能勾起读者的期待。因为知道主角们最终的圆满结局，所以读者甚至希望他们永远在路上，永远有经历不完的磨难，有演绎不完的精彩故事。这也就是《西游记》让人百看不厌的原因之一。

这就是树状结构，像一棵大树上长了许多枝杈，每一个枝杈都是大故事上的一个小故事。运用这种架构方式进行创作比较常见，尤其是对小作者来说，在刚开始创作时容易把握。在选择了自己感兴趣的故事之后，再根据主要故事设计一系列小故事，让每个小故事都为主要故事服务，这样一来，就会紧紧抓住读者的心。

实战小练笔

小狗巴忠是一条拉布拉多犬，它在陪主人环球旅行时和主人走散了。它游历各国，寻找主人，经历了许多奇遇。请为小狗巴忠历险记设计五个故事关键点。

《小狗巴忠历险记》	
1	
2	
3	
4	
5	

突转式结构

突转式结构在故事创作中也非常实用。如果一个故事平淡无奇，人们阅读起来味同嚼蜡。突转式结构就是一种非常有用的写作技巧，可以让故事情节跌宕起伏、吸引眼球。

突转式结构是指故事的情节在结构安排上突然急剧变化，往往在顺逆之间发生一百八十度大转变。这种大起大落，能对读者产生强烈刺激，引起他们对剧中人物命运的急切关怀，因而最富于戏剧性。

比如《小红帽》的故事：小红帽的外婆病了，妈妈让她去探望外婆，路上她遇到了一只大灰狼。她透露了她的行程，大灰狼先一步来到外婆家将外婆吃掉。故事讲到这里，按照剧情的发展，小红帽一定会被大灰狼吃掉的。没想到故事一转，偏离了原来的轨道：小红帽和外婆在大灰狼的肚子里并没有死掉；而大灰狼因为肚子里的石头太多感到口渴，去井边喝水，掉到井里淹死了。

我的学生韦斯涵在写《重生——绝世特工》时，让主人公查尔德在开篇就遇到矛盾冲突——他幸福的家庭被恐怖分子破坏了。接下来，作者设计了一些重要事件，其中一个故事故意偏离轨道，使得这个突转成为高潮：

查尔德一心想破解密码，突然走廊里传来脚步声，他赶紧将屏幕上的邮件删除，把手机揣进兜里，转身坐在了桌子对面的沙发上。也就几秒钟的工夫，CIA局长走了进来，看到他在屋里坐着，脸上露出一丝不高兴。查尔德摊开双手，说："局长，我现在还不想休假。"局长说："你惹的麻烦太多了，这是上面的意思，我也没有办法。好像所有的事都针对你啊，你最好避一避。"查尔德一心想破解密码信，就站起身来，敷衍道："好吧！恭敬不如从命。但我会按照自己的方式查下去。"局长说："不送了。除了贴身的武器，其他装备半年内不能再调用。"查尔德点了点头，没有再说话，起身走了。查尔德加快脚步到达停车场，驾车快速离开大楼，往回家的方向开去。这封邮件到底写的什么呢？CIA局长到底在和谁通信？为什么内部的军网还要加密？他的预感越来越不好了。

…………

……也许CIA局长真的和那个秘密组织有关联。如果CIA局长就是内鬼的话，那太可怕了！

查尔德发现自己陷入连环计中：先是被不明人士跟踪，然后在拳王争霸赛中打败拳王，接着被控接受贿赂谋害侨民于依。查尔德在神秘组织的追杀下九死一生。

故事突转：查尔德发现CIA局长竟然是神秘组织的重要成员。于是，查尔德展开秘密调查，开始追查他的父亲和许多CIA重要特工人员的失踪真相，揭露局长的伪装。

在"新书发布会"上，作者韦斯涵介绍《重生——绝世特工》的创作历程

实战小练笔

未来社会到处都是人工智能。张乐乐同学是一个乐观开朗的女孩，她的爸爸妈妈都非常爱她，对她的衣食住行照顾得非常周到，同学们也都很羡慕她。一天，她去郊游，因为没带帐篷而提前回家，竟然发现爸爸妈妈在充电——原来她的爸爸妈妈都是人工智能机器人！

我们可以在设计故事之初就拟定一项矛盾冲突，作为一个重要的转折点而引发一系列事件。整个转折点以后的事件都是围绕着该故事展开的。把上面这个故事概述为五个句子，这五个句子表现的分别是：为什么？怎么做？遇到什么困难？如何摆脱困境？最后怎样？给这个故事起一个题目。

题目：	
1	
2	
3	
4	
5	

让想象飞一会儿，然后连线编网

主控思想有了，人物的行动目标有了，故事的关键点和结构也有了，现在如何将这些内容串联起来，形成一个和谐统一的故事有机体呢？这就需要线索来大显身手啦！

如同面对一桌丰盛的美食，我们不可饥不择食狼吞虎咽，而要细细端详、慢慢品尝。在准备了一系列小故事之后，面对堆积如山的创作素材，千万不要仓促，只要施加一点小小的“魔法”，便可化繁为简，使你的作品内容更加紧凑、充实，更有立体感。这点“魔法”便是线索，只消一条或几条，便可将各式各样的人物、情节、事件、情感、心理等巧妙串联起来，让原本神秘莫测的面容渐渐清晰起来，散发出它独特的魅力。

依据选择的故事不同，对故事线索的设计也各有不同。这里主要介绍四种常用的线索。

心线法，揭示心理情感

心线法，就是以人物的心理活动作为故事的线索。一般来说，它是指主人公对某件事或某次经历前后的情感态度或者心理活动发生了变化。心线法主要运用心理描写。心理描写的形式是多种多样的，有梦境、联想、幻想、内心独白、自言自语、心理分析、心理判断等，还可以使用景物烘托、话外音等。

安徒生的童话故事《丑小鸭》中，就有大量的心理描写：

> “我要飞向他们，飞向这些高贵的鸟儿！可是他们会把我弄死的，因为我是这样丑，居然敢接近他们。不过这没有什么关系！这比被人们打死，被鸭子咬，被鸡群啄，被看管养鸭场的那个女佣人踢和在冬天受苦要好得多！”于是他飞到水里，向这些美丽的天鹅游去。这些动物看到他，马上就竖起羽毛向他游来。“请你们弄死我吧！”这只可怜的小鸭说。他把头低低地垂到水上，只等着一死。但是他在这清亮的水上看到了什么呢？他看到了自己的倒影。但那不再是一只粗笨的、深灰色的、又丑又令人讨厌的鸭子，而是一只天鹅！
>
> 只要你是一只天鹅蛋，就算是生在养鸭场里也没有什么关系。
>
> 过去他遭受过那么多的不幸和苦难，可是现在他感到非常高兴。他现在清楚地认识到，幸福和美正在向他招手。许多大天鹅在他周围游泳，用嘴来亲他。

丑小鸭为了逃离野鸭和追逐的猎人，被迫离家流浪。当他在农家安定下来时，却仍然不满足，要“走到广大的世界里去”，那完全是出自对美好大自然、美好生活的努力追求，而他为此受尽折磨。丑小鸭向往与追求美，哪怕遭受再多的不幸和苦难也勇往直前。

触碰心灵的文字是带有主人公在特定时刻的心理印记的。如果作者在讲故事时仅仅写一连串的经历，读者就无法体会到故事的深刻内涵。

心线法是对人物内在的动态描写，它能表现出人物的内心世界，从而更全面、彻底地刻画人物，使读者与人物更贴近。

我的学生史若兰、周靖涵在写《宠物日记》时运用了心线法。主人公宠物狗的心理变化是贯穿故事始终的内在线索，为读者展示了一只天真乖巧、纯洁美丽的贵妇犬形象：

这些天，我的主人看上去一直不太开心，不是因为考试没考好，而是因为昨天她的包被偷了。包里不光有500元钱，还有她的银行卡和我们俩的记忆相册，她非常伤心。但她还要上班，没时间找，于是我决定帮她找回来。

实战小练笔

1. 汤姆在树下睡觉，渐渐进入梦乡。睡梦中，他变成了奇幻森林部落的王子，看到雄伟壮观的森林王国。请写一写他的心理活动。

____

2. 森林王国一个月后要举行才艺比赛，取得才艺比赛冠军的将有机会与公主约会，可是他什么才艺都不会。面对心中的女神，他的内心独白是什么？

____

3. 他听说森林里有一种神奇的妖果，吃了这个果子就可以成为对乐器无所不通的乐神。写一写他的心理活动。

____

4. 他来到了魔幻小屋，突然出现了奇幻事件，是对他的各种诱惑。此时，他自言自语道：

____

物线法，描绘具象社会

物线法是用具体的事物来揭示故事的内涵。这个事物是故事的“眼睛”，通过它可以观照故事的情节、观照人物形象，从而发掘出故事的内涵。

物线法在故事中的运用，读者一般比较容易发现。安徒生的童话故事《皇帝的新装》一文就采用了物线法，通过一个愚蠢的皇帝被两个骗子愚弄，穿上了一件看不见的——实际上根本不存在的——新装，赤裸裸地举行游行大典的丑剧，深刻地揭露了皇帝的昏庸及大小官吏虚伪、奸诈、愚蠢的丑恶本质，褒扬了无私无畏、敢于揭假的天真烂漫的童心。读者抓住“新装”，可以梳理出小说的具体线索和情节。

如下图所示：

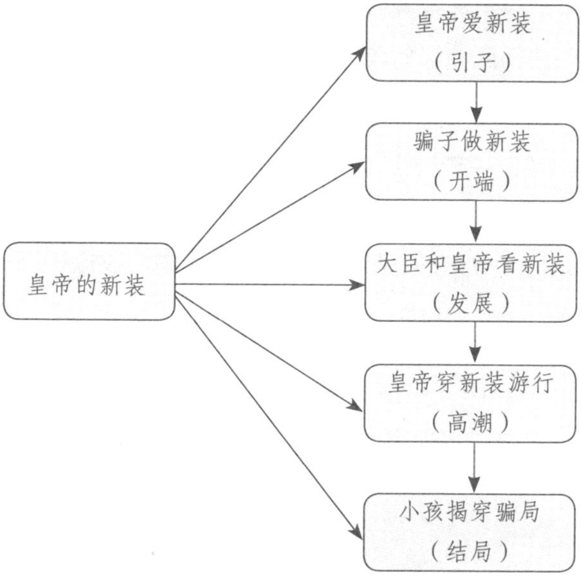

《皇帝的新装》中的物线法

《卖火柴的小女孩》的线索是火柴：

她的一双小手几乎冻僵了。啊，哪怕一根小小的火柴，对她也是有好处的！她敢从成把的火柴里抽出一根，在墙上擦燃了，来暖和暖和自己的小手吗？她终于抽出了一根。哧！火柴燃起来了，冒出火焰来了！她把小手拢在火焰上。多么温暖多么明亮的火焰啊，简直像一支小小的蜡烛。这是一道奇异的火光！

小女孩儿觉得自己好像坐在一个大火炉前面，火炉装着闪亮的铜脚和铜把手，烧得旺旺的，暖烘烘的，多么舒服啊！哎，这是怎么回事呢？她刚把脚伸出去，想让脚也暖和一下，火柴灭了，火炉不见了。她坐在那儿，手里只有一根烧过了的火柴梗。

这是小女孩第一次划着火柴时看到的情景。几次划着火柴后，小女孩看到了不同的幻象，显示出她内心的渴望。她渴望得到温暖的火炉、喷香的烤鹅、美丽的圣诞树、慈爱的奶奶，更希望奶奶把她抱起来，在光明和快乐中飞到一个没有寒冷、没有饥饿、没有忧愁的地方。最终，在举杯共庆的新年夜，小女孩冻死在街头。小女孩死了，嘴角却带着微笑，她在生命的最后一刻内心还保持着对美好的向往。擦燃火柴获得的美好幻象与她饥寒交迫的现实生活形成了鲜明的对比。安徒生这个童话表达了对穷苦人民悲惨遭遇的深刻同情和对当时社会的不满。

实战小练笔

1. 宇宙间有一个神奇的月光宝盒，它为宇宙大帝宙斯所拥有。请你说一说，它具有哪些神奇的力量？

____

2. 如果突然发生了一件事情，会是一件什么事情？宝盒怎么了？

____

3. 如何解决困难？宝盒怎么了？

____

4. 最终结果怎样？宝盒怎么了？

____

事线法

这种方法是指，故事围绕着一个事件展开，把事件的起因、经过、结果全过程按顺序写清楚。在讲故事的过程中，这个事件贯穿始终。

《八十天环游地球》是一部著名小说。故事讲的是1872年的时候，斐利亚·福克先生在伦敦改良俱乐部和会友们打赌，要在八十天内环游地球一周。福克先生从伦敦出发，经过欧、非、亚、美四大洲，克服了无数自然和人为的障碍，终于在八十天内环游地球一周，回到伦敦。《八十天环游地球》沿用了西方文学中“游历”的叙事模式，主人公福克是一个冷静理智、做事有条不紊、精确严谨的英国人，他和改良俱乐部的人以两万英镑为赌注，最后他不但赢得了赌注，也赢得了来自印度的艾娥达的爱情。“八十天环游地球”是小说最主要的一条线索，这条线索贯穿全文，每一个突转都是在为这个事件服务。

我的学生张玲嘉根据艾琳·亨特的《猫武士》创编的短篇故事《猫武士——最后一战》，用到了事线法：

等猫儿们散去，黑虎把叶池叫到一边，让她闭上眼。等他让她睁开眼，一只她最爱的猎物出现在她面前。“田凫！你抓到田凫了！”说着，她一口咬着田凫的一只翅膀。当她在咬田凫的背部时，黑虎轻轻地靠近她，他的鼻息喷到了她的脸，使她的脸痒丝丝的。“你做好准备和他们打仗了吗？”他轻轻地问。“嗯！”“那就再多训练几天，马上就要打仗了。”……晚上训练结束后，黑虎和叶池一同回到了他们的窝里。不久，黑虎就睡着了，可叶池却一直不眠，她一直在抉择：是和黑虎为敌，还是和他并肩战斗。忽然，她感到眼前出现了一个猫影，是雷族之前的巫医——斑叶。“这件事你要自己解决。”说罢，斑叶便消失了。

全文围绕着筹备最后一战为线索，分为：平静时光——突然攻击——特别训练——战争前期——最后准备——疯狂战斗。故事一开篇，森林里遭受突然攻击，准备最后一战，主线由此开端。为打好这一战，猫武士进行了精心的准备。战争前期，情况突转，火星神秘回归。最后，猫武士为保护森林家园与入侵者进行了疯狂的战斗。叶池在最关键的时刻保护火星，情势反转，黑虎放弃了森林家园的战斗。

张玲嘉在《猫武士——最后一战》发布会现场

实战小练笔

1. 寻找真相。亿万富豪在自家府邸失踪了。通过检验，发现失踪人餐桌的杯子里有不明液体。

液体是：________________________________

2. 寻找证据（比如泥脚印、轮胎痕迹、使用过的杯子、日记本）。

____

3. 寻找嫌疑人（富豪的妻子、继子、女儿、女佣……）。

____

4. 寻找不在场的证据（酒吧、证人、监控录像……）。

____

5. 发现真相（审讯、动机、真相）。

____

交叉线索

也有几条线索交叉并用的情况。按照情节划分，有单线法、复线法、明线法、暗线法。其中的复线法是比较常用的。

马克·吐温的《竞选州长》是一篇讽刺小说，主要人物是吐温先生，基本按事情发展顺序行文。但作者在小说中用引文、说心情、叙事实、写竞选，究竟以什么为情节线索呢？可以这样说：一条主线贯穿，三条次线配合。一条主线就是“我”参加州长竞选：

> 几个月以前，我被提名为独立党的纽约州州长候选人，与斯图阿特·伍德福先生和约翰·霍夫曼先生竞选。我总觉得我有一个显著的长处胜过这两位先生，那就是——声望还好。从报纸上很容易看出，即令他们曾经知道保持名誉的好处，那个时候也已经过去了。近几年来，他们显然对各式各样可耻的罪行都习以为常了。但是正当我还在赞美自己的长处，并暗自因此得意的时候，却有一股不愉快的浑浊潜流“搅浑”我那快乐心情的深处，那就是——不得不听到我的名字动辄被人家拿来与那些人相提并论地到处传播。

这条主线的构成，是通过三条次线来体现、配合的。

第一条次线是罪名线。竞选一开始，“我”收到一系列可怕的罪名。一个接一个的罪名形成一条明显的线索。

这条线索的脉络是：①伪证罪；②盗窃罪；③盗尸罪；④酗酒罪；⑤舞弊罪；⑥讹诈罪。

第二条次线是事实线。这条线索的脉络是：①未见过交趾支那，未听过瓦卡瓦克，不知道香蕉园；②没有到过蒙大拿；③没有诽谤过霍夫曼，从来没有听说他，从来没有提到过他；④三年没有尝过酒；⑤⑥⑦（略）。通过“我”的口直接叙述出一个又一个与事实绝不相符的罪名，从而增强了事实的可信度、作品的真实感和揭露的深刻性。

第三条次线是心理线。这条线索的脉络是：①诧异；②有了戒心；③发誓；④难以置信；⑤深感羞辱；⑥吓得发疯。

具体来说，就是：①诧异得要爆炸，神经错乱，不知所措；②有了戒心，提心吊胆；③“我”可以把手按在《圣经》上发誓；④实在令人难以置信；⑤简直没有办法，深感羞辱；⑥简直把“我”吓得几乎要发疯。这些描写都是“我”的心理的直接表露，真实地反映了事实与罪名相悖所产生的结果。

可以看出，罪名、事实、心理这三条次线同时出现，同步发展，相辅相成，关系密切。这三条次线又以主线为统帅，共为“竞选”这条主线服务，是主线的三个方面的具体体现。如果以公式反映，就是：

罪名线 + 事实线 + 心理线 = 竞选线（主线）

这样，次线分明清晰、配合密切，主线有血有肉、充实丰满，使全文形成了一个浑然一体、丝丝入扣的整体。

实战小练笔

地球末日生存

2048 年，全世界爆发了一场未知的感染，整个人类几乎灭绝。灾难并未就此停止。那些死去的人开始变异，那些血液中有抵抗力的少数幸存者正试图在一个已经化为废墟的伟大世界中努力生存。

请你为故事至少设计两条线索，一条心理线，一条事物线，让全文以其中一条为主线，另一条为辅线。

1. 心理线

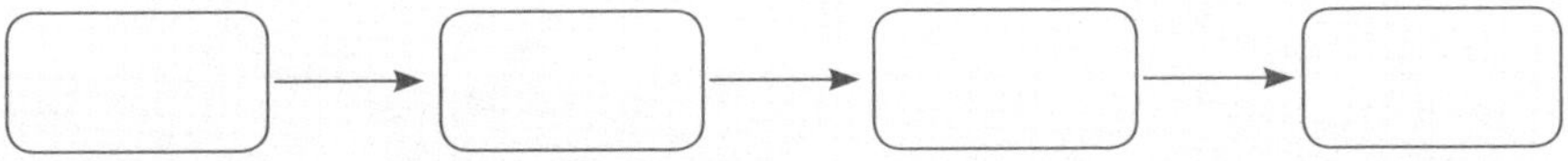

2. 事物线

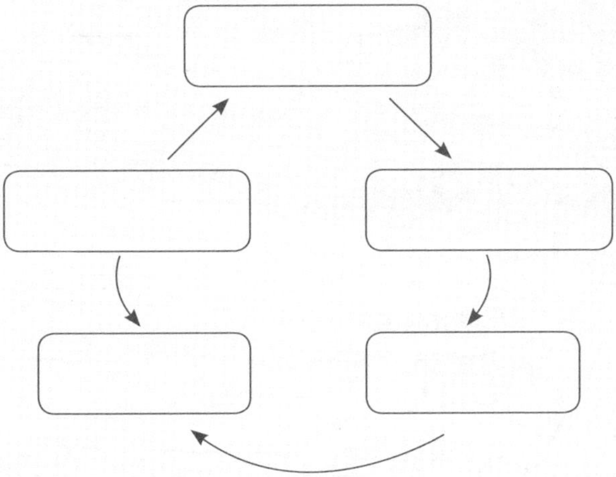

我的作品

从前面你的故事素材中提炼出一些重要的事件，找到一个能涵盖故事始末的事件，把这一事件分成若干个小故事，再用一句话来概括每个小故事，确定故事的关键点。

小贴士：纸片上记录的小故事、笔记本上随心画出的经典造型、书本某个角落里灵感乍现时偷偷记录下来的只言片语、夜晚造访梦境时遭遇的种种奇遇……都可以成为故事框架结构中的关键点。

接下来，搭建你的故事框架。

1. 根据设定的主控思想，确定主人公的行动目标：

2. 全文讲述的主要事件：

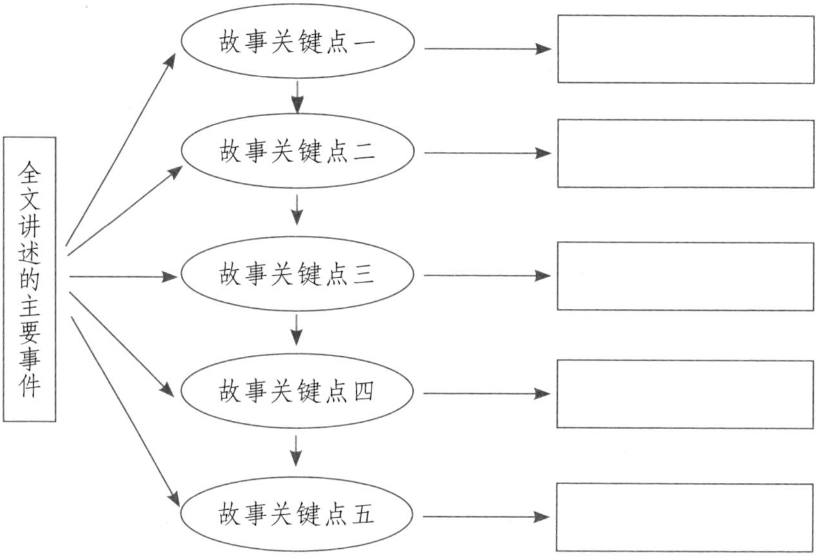

……

第四章
谁在讲故事?

谁在讲故事?
变换的人称,
不同的际遇,
造就谜一样的情境。

谁在讲故事?
神仙知世事,
凡人察百态,
诠释别样的情怀。

谁在讲故事?
神话里的他,
故事外的他,
畅享创作的乐趣。

我们都特别喜欢读文学作品，作品中的情节总是那样让人流连忘返。其实，每一个故事中都隐含着一个叙述者，我们可以称他为讲故事的人。同一个故事，由不同的人讲述，所讲的内容是不一样的，因为每一个人的角度、立场、情感、认识不同，关注的方面也有所不同。也就是说，不同的叙述者会带给我们不同的故事，也会让我们进入不同的文学世界。

感受叙述者的角度、立场、情感、认识是首要的也是最重要的一环。写故事的时候，我们首先要确定的是：这个讲故事的人是谁？由这里，我们就可以开始构建故事的内部世界。

第一人称——主人公眼里的世界

成为故事里的主人公是一件多有挑战性的事情！蜘蛛侠、超人、绿巨人……各种故事世界的人物在我们的脑海里闪现。如果我是“内裤外穿”的超人，那么我将如何拯救这个世界？我将遇到什么样的困难？在每一个不同的困难面前，我是如何想的？我的背后又隐藏着哪些不为人知的秘密？

想到这里，大家一定非常兴奋！太好玩了，多么幸福的事情啊，我们终于可以成为理想中的那个大人物了。但一定要遵守原则，因为这不仅仅是让讲故事的人成为主人公这么简单，里面还有许多小妙诀需要掌握。

让故事准确表现角色的心理，你需要将自己想象成故事中的人物，让人物自己讲述自己的故事。这就意味着：以“我”为叙述者，只讲“我”参与、“我”看到、“我”听到的事情。“我”是主人公，给读者以更大的代入感，有利于在他们的脑中建立一个故事世界。整个故事的叙述都应从主人公的观点和感觉出发，写在纸上的一切都应是主人公的亲身经历，这是对作者的一种限制。视角外的事件只能通过其他人物独白或者对白的形式来展示。这就是用第一人称讲故事。

用第一人称写作有一定的局限性：情节发展一旦离开“我”的视野，就不得不停笔。故事中的“我”是作为故事的参与者存在的；在写作时，可以作为回忆者来讲述故事背后的事件。主人公要出现在每一个场景中，作者不能写主人公所不知道的事情。比如，我们创作的角度由超人开始，那么我们设定的情节，就得是他看到的、他经历的、他听到的、他回忆的，等等；不能写不为他所知的事件、没有他参与的事件，不能随意转换视角。你只能从主人公的角度去写，否则读者思维就混乱了，会觉得你写得太虚假：别人的事情，你是怎么知道的？这就影响了故事的进展。

比如在《鲁滨逊漂流记》中，用的就是第一人称：

> 我在海上漂流了这么多天，实在够了，正好安安静静地休息几天，把过去的危险回味一下。

使用第一人称来讲故事，具有更强的真实感和代入感。主人公困惑，读者也会感到困惑；主人公痛苦，读者也会感到痛苦；主人公胜利了，读者也会感到胜利的喜悦。换句话说，读者感觉自己生活在小说中，而不只是在读那些文字。

无所不知的第三人称——全能视角开写啦

全能视角知道故事里发生的所有事情，对故事中的人物有深刻的了解，包括所有人物内心的想法、情感纠葛，甚至是不为人所知的隐私，比如私藏的宝藏、偷着做的坏事等。这个讲故事的人是故事之外的人，这就为读者提供了一种能感受到一切、为推动情节发展而掌控一切的视角。

莫泊桑的小说《项链》就采用了这种全能视角：

> 世上的漂亮动人的女子，每每像是由于命运的差错似的，出生在一个小职员的家庭；我们现在要说的这一个正是这样。她没有陪嫁的资产，没有希望，没有任何方法使得一个既有钱又有地位的人认识她，了解她，爱她，娶

她；到末了，她将将就就和教育部的一个小科员结了婚。

在这种视角下，叙述人是活跃在人物之外的，知道人物身上发生的一切。这种视角的优点是自由灵活，不受时间、空间等的限制，可以自由表现人物和事件，并能让读者有一个全面而具体的了解，最大限度地展示社会生活的深度和广度。

我的学生吴怡璇在她创作的《回归荒野》中，就使用了全能视角：

每年到了三月的时候，燕子、乌鸦、啄木鸟……很多鸟儿三五成群地飞到森林里来，它们欢乐的歌声在森林里回荡着，到处是一片春意盎然的景象。鸟儿们的到来，给森林带来了春天的气息和生机，一扫以往漫长冬季里的寂静。

这天，太阳下山了。暮色中，一片还未来得及融化的雪地，反射着落日柔和的点点余光，虽然很微弱，却依然给森林里带来了些许亮光。

不久，在微暗的夜色里，出现了一只动物的身影。它的身躯要比狐狸大些，和狗差不多，长着细而微微上扬的尾巴，身上反射着银色的光芒——是一只狼。

它是一只母狼。只见它纵身一跃，跳过了横倒在丛林间的树干，犹豫而又不耐烦地向前走去。这是一只怀有身孕的准狼妈妈。此刻，她正在寻找可以供她休息的山洞，而这个洞也将成为宝宝们的新家。寻找山洞看似简单，但做起来并不容易，因为它要隐蔽、安全，还可以掩盖自己和孩子们的气味，以免被敌人发现。照这么说，她应该选择一个偏远些的地方。没错，母狼格温妮丝离开族群，来到这个僻静的地方，寻找新家。

作者是凌驾于整个故事之上的，是无所不知的。故事开篇，就将每一个人物的背景和行动目标展现在读者面前，让读者对待产的母狼的心理活动、性格特征有简要的了解，引起读者情感上的共鸣。

吴怡璇在《回归荒野》“新书发布会”上介绍故事内容

实战小练笔

在 23 世纪的人类社会，利用飞行器进行时间穿梭已经是如游览公园般的日常行为。人类不仅可以回到过去，改变历史；还可以去到未来，探索更多人类未知的秘密。现在，请你以全知者的身份，描述一个名叫彼得的人物：他的身份背景、性格特征、小秘密，以及他要进行时光穿梭的原因。

彼得的身份背景：   彼得的性格特征：   彼得的小秘密：   彼得进行时光穿梭的原因：

有限的第三人称——小人物讲故事

“小人物”指的是故事里的某个小人物“他”，而不是主人公。这个小人物可不简单。在读者看来，“他”有着平凡人的喜怒哀乐，正因为如此，才使得“他”的看法更贴近平凡人的观点，读者自然而然地随着“他”的讲述或喜或悲。“他”并没有主人公那样的际遇，但“他”必须能近距离接近主人公，这样才能接触到事件的发生、发展、高潮和结局，从而完美地将主人公的故事展开。

小人物有自己独特的视角，有着吸引人的性格特质，更有着细腻的情感。小人物是故事中的人物，采用这种视角时，在写作之初就要预设好从哪个小人物的视角来讲故事。讲故事的人就是故事里真实存在的人物，站在故事里的“他”的角度看到或者经历故事里发生的一个又一个奇幻迭起的事件。

这个人物可以与主人公是朋友、是情侣、是兄弟。将他的角色定位好，然后再讲故事。写作时，为了更好地展现故事的视角和情节，可以让自己成为故事里那个“他”。你只能去写从“他”的视角看到或听到的事情。需要注意的是，人物视角一旦确定，在行文中就必须以这个视角贯穿始终，从“他”的视角去评价、思考主人公的行动，带读者进入故事中，去经历、体验曼妙的世界。如果你写了“他”不可能知道的事情，那你的故事就可能会让读者产生怀疑了。

实战小练笔

故事简介：白雪公主长得十分漂亮。母亲去世，父亲又娶了一位皇后。这个皇后嫉妒白雪公主，命令武士杀死她，但武士不忍心，让白雪公主逃往森林。结果，白雪公主认识了七个小矮人。小矮人去工作时，皇后扮成老太婆，毒死了白雪公主。后来，白雪公主被王子救醒，他们过上了幸福的日子。

大家都非常熟悉《白雪公主》的故事，请你换一个视角来思考以下问题，并试着通过这个角色来讲故事：

· 如果你是《白雪公主》中的继母，你会怎么看待白雪公主？你会怎么讲这个故事？

· 原版的故事讲得对吗？继母真的很邪恶吗？王子有多迷人？白雪公主真的很善良吗？

· 在故事的结尾，你的主人公有什么想说的？

此外，还有一种多视角叙述，这种方法要取得较好的效果相对要难些，很容易引发视角混乱，使读者迷惑，初学者要谨慎使用。

我的作品

开始讲故事啦！想想这个讲故事的人是谁？首先要感受一下叙述者的角度、立场、情感、认识，这也是最重要的一环。由此出发，我们就可以开始构建小说的内部世界。

请你选定讲故事的视角，尝试从这一视角来思考你在上一章选定的故事关键点，描写一个小的故事场面，要注意感受叙述者的立场、情感和角度。

第五章 创造难忘的人物

确认过眼神，
遇上故事中的人。
不知不觉中，
你成为我的光阴。
所有灵动的出现
都是既定的缘分。

确认过眼神，
看到故事中的人。
为你魂牵与梦绕，
那个倔强的灵魂。

确认过眼神，
是我创作的人。
一颦一笑中，
发现故事的魂。

确认过眼神，
情节中不可或缺的人。
矛盾的出现
个性所使然。
那样独特的灵魂。

每一个生动的故事里都有一个特别吸引人的主人公，“他”或让我们魂牵梦绕，或让我们愤恨难忍，终让我们有一种无法割舍的情感，令我们沉醉于故事之中。故事里这种思想自由驰骋的感觉、情感自然流露的思绪，不是作者创作之初的神来之笔，而是事先预设的小幸福。

寻找原型塑造人物形象

每天都有许多画面在我的脑中跳跃，若不写出来，我的手痒痒的，很难受，所以必须把它们写出来。我似乎被每一个人物的命运牵住，我要为每一个人物写出传奇人生。

——韦斯涵①

每个人都曾幻想自己成为成熟善良、可爱强大的优秀人物，你是否曾想过将这个理想写进你的故事之中呢？

以自己为原型塑造人物是很棒的方法。比如，我的学生韦斯涵在《重生——绝世特工》中的人物原型就是他本人。关于他写这本书的经历，还有段小故事呢。记得在一次公开课上，大家畅谈自己的梦想时，斯涵高举右手大声地说：“我最大的理想就是做一个绝世特工。”言罢，同学们哄堂大笑。当时，我也略感诧异，好奇他为什么会有如此“特别”的梦想。但当你看到他写的故事时，就能体会到他创作的初衷，听到他孜孜不倦的追梦心声。

除了以自己为原型，在奇异多彩的人生路上，你一定有自己佩服的人，他有独特的性格特点，有很多值得你钦佩的地方。你也可以把他当作你的人物原型，来创作你的故事。

此外，说不定你也遇到过让你讨厌的人，他们喋喋不休、随地吐痰，甚至有许多令你生厌的习惯。你对他们应该也有所了解：他们的缺点、喜欢做的事情、

① 韦斯涵，中关村三小 2017 届毕业生，后升入首师大附中。此为韦斯涵五年级所写。

口头禅等，都可以引入你的故事中。

除了以上这些，故事书中的人物、历史人物、亲戚朋友甚至你在大街上看到的行人，都可以成为你的故事人物，这里是你的世界，人物由你来设定——但一定要个性鲜明、吸引人。

实战小练笔

你是一名科学家，但是患了不治之症，你还没有完成那项重要的实验，这让你感到很沮丧。这时，一个魔鬼找到了你，让你与他做一笔交易，如果你同意这笔交易，你得到的时间越多，你付出的代价就越大。请你以自己的性格为原型，可以根据故事适当作出改变，使人物性格更加符合身份，写出这名科学家的形象，要求人物形象具体，例如，他对待科学的态度是怎样的，他与人是如何相处的，他最喜欢的运动是什么，他对时间的看法，他是否为达目的不择手段，等等，并请你为他作出选择。

用想象力来创造人物

在创作中，只有你想不到，没有你做不到。只要你想象力足够丰富，一切皆有可能。

——李砚文①

想象力是我们人类与生俱来的天性，可以作为魔法为写作助攻。那么，如何启动想象力这种写作魔法，创造出符合故事需求的人物呢？下面为你提供了一个人物个性菜单，你可以随意组合搭配，从中选择 5 个、10 个甚至更多，把它们组合在一起，勾勒出他（她）的样子。你可以不断丰富这个菜单，加入更多的人物个性，

① 李砚文，中关村三小 2020 届毕业生，后升入人大附中。此为李砚文六年级所写。

为创造人物做储备。

单身　年轻　漂亮　好运动　打网球冠军　吃货
喜欢赛车　有孩子　负责任　孤独　素食主义者　环保主义者
非暴力　有爱心　随身携带空间　会魔法　怪博士　电脑黑客
外星人　会飞　会隐身　能穿越　在读中学　有癌症
数学大咖　会发明创造　英俊　有学识　儒雅　幽默
健谈　进取　容易激动　刚愎自用　自私　懦弱
过分敏感　自我意识强　不善沟通　好斗　酗酒

除了上面的方法，我们也可以对记忆中的一些形象进行加工，创造出一个新的形象。我们要赋予他新的性格特征，给予他新的能量。在你的故事世界里，你可以创造出你喜欢的游戏规则，每一个人物都要遵循这些游戏规则。还可以尝试让人物互换，进行比拟想象，把一些动物和植物的想法通过人的口吻表述出来。这种比拟想象可以无所顾忌，让我们生活当中许多不可能变成可能。比如，动画片《机器猫》就赋予了机器猫神奇的力量：他有百宝箱，有时光穿梭机，有人类的情感。这样的主人公设定本身就具有强大的吸引力，能满足你各种天马行空的想象。

我的学生史若兰、周靖涵在她们创作的《宠物日记》中，为宠物犬赋予了人类的性格。她们是这样让狗进行自我介绍的：

大家好，我是一只贵妇犬，我的名字叫菲娜。我有一个特点，就是我不喜欢和那些没教养的狗一起玩。我还有个好主人，她每天都和我一起玩，还给我买漂亮的衣服，像小裙子、公主衫。我最喜欢的事情就是去草坪！因为在那里我能见到我的好朋友们，还可以和他们一起玩。但有时我又不想去那里，因为也可能遇到另外一些狗，比如：香肠嘴，刀削脸，面具狗，有时还有我们狗狗的敌人——猫。虽然从种类上说我们和猫互相是敌人，但其实我有个最好的猫朋友，我们每天都在一起同吃、同喝、同玩、同乐。她的名字叫波波，是一只既可爱又开朗的小猫。她有一个姐姐叫白白，和波波虽然是姐妹，但她俩的性格截然不同。妹妹波波非常开朗；姐姐却很冷漠，不爱和人说话，而且对人和狗一点好感也没有。有时，波波会因为和我玩而被姐姐骂、打或是不让进家，但小波波从来没有因此而想过和我们断交，这足以让我和她成为好朋友。

以想象力来进行文学创作，依靠你大胆的联想和想象，一定要突破现实世界的束缚。不仅可以把动物当成人来写，还可以将机器人、身边的小物件、大自然精灵等都纳入你的故事空间，让它们具有人的思维和情感，赋予它们故事中所需要的一切元素，让它们拥有各种各样的特异功能。不要担心你写得不可能、太恐怖、别别扭扭……故事里，这些人物可以跨越一切阻碍，是你脑中灵动形象的真实再现。

实战小练笔

请你明确细致地用手中的笔勾画出一个人物的职业肖像。记住：你的人物不可能是一个普通人。创作之初，他可能是个普通的学生、教师、律师等。慢慢地，他会变强大，成为符合故事发展、令人印象深刻的形象。

极致召唤——依据情节需要设计人物形象

构思时，可以从故事入手，再想到人物，心中慢慢有了立体形象，这样再下笔去写，就会思如泉涌，我们故事中的人物才能皮裹着肉、肉撑着皮，自然生动，看不出虚构的痕迹。

要想使人物令读者印象深刻，你也可以尝试一种创造人物的小魔法——极致召唤！让故事里的人物变成具有某种极致状态的化身，容貌、性格、思维、技能……总有一个方面让他达到一种极致，令他无可匹敌，让人心生羡慕。如果你能发掘出某个人物非同凡响的极致状态，那么，恭喜你，你创造的那个人物会更吸引眼球，让人过目不忘。

要注意，你选择的某一领域的极致特征必须是能立得住的，要把这一极致特征在写故事之前就详细地罗列在纸上，让每一个故事的发生都与这一极致特征有严密的联系，这样，主人公作为故事情节的灵魂人物，就在故事里牵一发而动全身，起到至关重要的作用。

在我的学生马兰欣、周靖涵的《梦镜晴空》中，柔雨是一国公主，她的美世间无人能及，这便是容貌上的极致：

柔雨一袭深紫色曳地长裙，几朵粉玫瑰点缀在她的裙摆上，金色的长发披在衣服上，神秘又高贵，她褐色的眼眸里仿佛有彩色的光晕流动着，又像有星星的倒影映在其中。这样的柔雨，宛若天上的女神一般，举手投足间都流露出高雅华贵的气质，一举一动都能吸引住大家的目光，不愧是全国第一美人。

你也可以为自己故事里的人物召唤极致，让每一个人物都灵动起来，浓缩天地万物的精华，让人叹为观止。

实战小练笔

在一个神奇的国度，有一位英勇的骑士，他的身边一直跟随着一名侍卫。有一天，骑士正在骑马，忽然听到国王向他呼救——城堡顶上，有一条巨龙盘旋在上方，想要吃掉国王。请你以英勇的骑士为主人公，设计他的人格品质。

我的作品

有时候，画出你的角色可以帮助你更清晰地看到他们的样子。比如，我的学生赵慕尧在他创作的《元素大师》里，将每一个人物的形象都用笔勾勒出来：

请你画一画你的人物，然后用 200 字简要描述一下。画的时候，思考一下：

· 你故事里的主人公是什么样的人？

· 优点有什么？

· 缺点有哪些？

· 喜欢什么？讨厌什么？

· 外貌？性格特征？

· 目标和野心？

· 他存在的那个时代的特点？

第六章 让人物之间建立联系

认真推敲，
大胆创作，
倾听灵魂深处的声音。

文字浇灌，
真情倾注，
追寻人物内心的渴望。

娓娓叙述，
细致刻画，
搭建人物之间难测的关系。

故事里人物间的关系网可是故事具有吸引力的重要因素。人物身边最重要的人，可能是敌人，也可能是朋友。他们之间发生了怎样的联系：吸引？冲突？反差？改变？都有可能。他们为什么会互相吸引，又发生了怎样的冲突，性格方面有怎样的反差，后来怎么样了？为你的人物构建紧密的联系，让故事因他们之间的关系而悬念迭起、矛盾丛生，让人物拥有超强的魔法关系！

给人物写简介

人物是故事描写的中心，人物形象塑造成功与否是创作成败的关键。在写故事最初，你需要做一件特别的事，那就是给每一个人物写传记，写出你希望读者了解的情况。还需要让读者知道主人公的几个最重要的性格特征，记住，不要用对白的方式来写。

在上一章“创造难忘的人物”中，我的学生周靖涵和史若兰在《宠物日记》中给主人公贵妇犬菲娜写的就是这样一个人物传记。

实战小练笔

为你故事中两到三个主要人物写传记。写出他一天的样子。（200 字）

人物 1：

人物 2：

人物 3：

请你写出一个事情的画面，把这些内容传达给读者。字数不限。

塑造人物的品质和个性

在写人物的时候，可以这样做：先找到他的三个优点，然后想一想，你打算跟他说些什么？想象出他的样子，给他写一张纸条，写出你最想问的问题或者最想说的一句话。看着你写的纸条，联想他的性格特征，想一想他会怎样表现？我们创造出来的人物，必须既要保持新鲜感和时代感，又要维持前后一致的情感和特点，将这种情感和特点延伸到细枝末微处，哪怕只是喜欢蚂蚁到兴奋地尖叫，都可以大胆写出来——这样的人物才鲜活可爱。

比如，写一个学霸特别喜欢数学，每个课间他都会在黑板上出一道奥数题，让大家来攻关。与此相关的一定是，他在背后做过许多奥数方面的习题，或者遇到一个比较有经验的奥数老师，上过一些比较特别的奥数班，甚至他的智商比较高、逻辑思维能力比较强。

但如果下文又说这个学霸去商店买东西不会算账，那就无法同上面的“喜欢数学”保持连贯性，会把读者弄懵。如果是出于某种原因这么写，就一定要设定得更加明确一些，让读者能够理解。

如果你只是设定了一个前后一致的人物，读起来还是不会有趣。要能提出一些具有连贯性但又不容易注意到的品质，将这种品质浓缩到极小的细节上，再延伸到一个意外事件上，读的时候就不会感到突兀，因为它符合主人公的形象，还可能让他收获一大票粉丝呢。

比如，写一个数学老师严谨认真、不苟言笑、负责任、有爱心，若加上他喜欢小动物、家里收养了许多流浪猫和流浪狗的描写，既与他特别有爱心的品质相符，又不让人感到突兀，人物就清晰有趣多了。

实战小练笔

思考一下，你对以下人物的品质会有怎样的猜想？尽量提出一些具有连贯性但大家平常又注意不到的品质：

学校门口超市的阿姨：________________

班级的体育委员：________________

小区门口的警卫叔叔：________________

添加人物的个性标识

创造一个有趣而又可信的角色，是你的重要任务。这个角色应该可以引发读者无尽的想象。你对角色理解得越透彻，他们就会越真实。你不必面面俱到地向读者介绍你的角色，但要尽量发掘那些让人不能忘怀的点；即使是一个普通的小角色，也要给他配上一副与众不同的“新面孔”，让他成为原创的、独一无二的“那一个”，这就是添加个性标识。

每一个人都是与其他人不一样的，是细节使他变得独特和非凡。有些最令人难忘的人物正是因为他的那些细节而被读者牢牢记住。比如，孙悟空有一根金箍棒，他的口头禅是“俺老孙来也！”“俺老孙去也！”，猪八戒有一个九齿钉耙，他的口头禅是“大师兄，师父被妖怪抓走了！”等等，这些都是他们的个性标识。

在曹雪芹的《红楼梦》中，王熙凤是一个生命力旺盛充沛的角色，有着充满个性的语言，以及八面玲珑、泼辣霸气的个性：

一语未了，只听后院中有人笑声，说："我来迟了，不曾迎接远客！"黛玉纳罕道："这些人个个皆敛声屏气，恭肃严整如此，这来者系谁，这样放诞无礼？"心下想时，只见一群媳妇丫鬟围拥着一个人从后房门进来。这个人打扮与众姑娘不同，彩绣辉煌，恍若神妃仙子：头上戴着金丝八宝攒珠髻，绾着朝阳五凤挂珠钗；项上戴着赤金盘螭璎珞圈；裙边系着豆绿宫绦，双衡比目玫瑰佩；身上穿着缕金百蝶穿花大红洋缎窄裉袄，外罩五彩刻丝石青银鼠褂；下着翡翠撒花洋绉裙。一双丹凤三角眼，两弯柳叶吊梢眉，身量苗条，体格风骚，粉面含春威不露，丹唇未启笑先闻。

人未至，声先到，恍若神妃仙子的衣着，犀利的眉目，都表现出王熙凤的个性。

实战小练笔

一个少女可以凭借意志来移动物体，比如，她能让欺负她的人飘浮在半空中，或在与同学吵架的时候，把他们扔到房顶上去，但她却无法控制自己的这种能力。请你为这个少女写出她的性格特征、说话方式，她的出身、喜好、缺点、交友方式、特长等。

创造有缺点的人物

人们都喜欢追求完美，喜欢将好的品质及各种各样的优点赋予主人公，甚至想象这个人就是理想的化身，能把人身上所具有的完美都展现出来，毫无可挑剔之处。可实际生活当中的人却不是这样的，往往有小缺陷，没有缺陷的人是不存在的。所以，在选定主人公时，千万不要把小缺陷弃之不顾。只有带缺陷的人，才能使人感到他是实实在在的人、有血有肉的人、有生命力的人。另外，性格是要有变化的，这样的人物会更具吸引力，他的人生将充满不确定性。比如《水浒传》中的林冲，他原来是八十万禁军教头，最后却成为快意恩仇的草莽英雄，他的性格特点非常鲜明，让读者过目难忘。

在《水浒传》中，林冲是八十万禁军教头。柴进庄里有一武师，人称洪教头，很瞧不起林冲，想和林冲比试一番：

林冲想道："柴大官人心里只要我赢他。"也横着棒，使个门户，吐个势，唤做"拨草寻蛇势"。洪教头喝一声："来，来，来！"便使棒盖将入来。林冲望后一退，洪教头赶入一步，提起棒，又复一棒下来。林冲看他脚步已乱了，便把棒从地下一跳，洪教头措手不及，就那一跳里，和身一转，那棒直扫着洪教头臁儿骨上，撇了棒，扑地倒了。

此时的林冲是一个温文尔雅、武功高强的上层人物。他略施身手就把不可一世的洪教头打败了，留给读者谦逊有礼的形象，这是他的优点，但同时也是他性格中软弱的一面。随着故事情节的发展，他的形象出现了一百八十度大转变。在"林教头风雪山神庙，陆虞候火烧草料场"这一回中，出现了一个快意恩仇的林冲，让人大吃一惊：

三个人都急要走时，惊得呆了，正走不动。林冲举手肐察一枪，先拨倒差拨。

陆虞候叫声："饶命！"吓得慌了手脚，走不动。

那富安走不到十来步，被林冲赶上，后心只一枪，又搠倒了。

翻身回来，陆虞候却才行得三四步，林冲喝声道："好贼，你待哪里去！"批胸只一提，丢翻在雪地上，把枪搠在地里，用脚踏住胸脯，身边取出那口刀来，便去陆谦脸上搁着，喝道："泼贼！我自来又和你无甚么冤仇，你如何这等害我？正是杀人可恕，情理难容。"陆虞候告道："不干小人事，太尉差遣，不敢不来。"

林冲骂道："奸贼，我与你自幼相交，今日倒来害我，怎不干你事？且吃我一刀！”……

此时的林冲，由于被坏人连番设计陷害，险些烧死在山神庙，由此导致他性格大变，从一个温文尔雅的上层人物变为一个快意恩仇的草莽英雄。

人物是既有优点又有缺点的。有时，人物的优缺点不是绝对的，看起来好的特点可能会成为改变人物命运的致命弱点。我们笔下的人物应该符合他的特点。只有描写的人物鲜活、立体、有个性，他们才更具魅力。

我们的创作一定是从故事的全局出发，设计的人物性格一定要全方位、有立体感——从不同的角度都可以看到人物的性格特点，不能单纯用“可爱”或“勇敢”就草草了事。因为不是所有的故事都按着既定的路线发展，会有脱离轨道的突发事件。这些表面上很唐突又总会引发各种矛盾冲突的事，往往是由人物身上看似微不足道的弱点造成的。

在吴怡璇的《回归荒野》中，小作者笔下的小狼被无情地送到了猎狗训练场，在一群猎狗的猎杀下奄奄一息。幸亏安娜及时赶到，她用自己的身躯从猎狗嘴下救出了小狼：

“你们想干什么？”一声厉喝在人们耳边响起。

“是安娜！”这个熟悉的声音让安迪顿时来了精神。

“她终于来了！”

“走开！”安娜从马背上跳下来，拼命地扒开众人，把安迪紧紧地搂在怀里。

“对不起，我来晚了！”安娜道歉着说道。安迪摇摇尾巴，心里充满感动和委屈。

“你们这些坏蛋！安迪什么都没有做，你们为什么要抓它？还有你——爸爸，难道你的眼里就只有钱吗？”安娜训斥了在场的每一个人。

面对小孩子的指责，大人们非常尴尬，纷纷把矛头指向凯特。

安娜善良、有爱心，这是她的优点，但同时也是改变她命运的致命弱点。当面对一大群猎狗伤害安迪时，她无法理智地等待大人们的救助，而是不顾一切地用身体保护小狼，这也是导致她最终患狂犬病死去的原因。

我们在塑造人物的时候必须考虑到人物的弱点，这个弱点要在一定程度上让读者喜欢。如果将这样一个人物放入故事之中，本身就具有很大的吸引力，让故事更加生动、人物更加鲜活而有画面感。

实战小练笔

让角色栩栩如生的最好办法就是描述他们的行为表现。比如说，不要直接界定一个角色“非常邪恶”，而要描写他做了什么邪恶的事或说了什么邪恶的话。无论你想写英雄还是坏蛋、不寻常的生物还是平凡的人类，只要他们个性鲜明又有趣，总能引出一个精彩的故事。下面，请你仿照左边的例子展开想象，在右侧填上角色短语。

填角色短语

一只对芝士过敏的老鼠	(　　　　　　)的老鼠
总是发明疯狂器械的小男孩	(　　　　　　)的小男孩
反抗皇帝的卫兵	(　　　　　　)的卫兵
沉睡过度的狗熊	(　　　　　　)的狗熊
获迎春杯大赛一等奖的兔子	(　　　　　　)的兔子
掌控雷电的仙女	(　　　　　　)的仙女
夜晚变成狼的女孩	(　　　　　　)的女孩
每天减肥的小猪	(　　　　　　)的小猪

来一点儿刺激——构建人物形象的矛盾性

你一定不希望自己创造的人物平平凡凡的，做的也是普普通通的事情，因为这样故事就没有什么意思了。要让人物自身带有矛盾性。其实很简单，就是让我们创造的人物经常做出令所有人感到奇怪和震惊的事情，改变读者对他们刻板的印象。

人物形象的矛盾性并不是与生俱来的。把人物放在整部小说的大背景下，就会发现人物形象的矛盾成因是多样的：有外部原因，如人物当时所处的大环境、人物与人物之间复杂的人际关系；也有内部原因，如人物的出身背景、人物自身的经历等。我们可以从以下几个方面着手，尝试创造一个令人难忘的人物形象。

从故事的大环境出发

按照我们所叙述的故事大环境，人物的性格出现复杂的矛盾性：在具有符合大背景的性格的同时，又有着自身的本性。

比如《白雪公主》这个故事中：

有一天，王后又问了魔镜同样的问题，魔镜却回答说："白雪公主比你更美丽。"王后非常生气。"怎么能有人比我更美？我一定要把她除掉！"她命令宫廷的武士说："我不想再看到白雪公主。你去把她带到森林里，偷偷杀掉。杀了她以后，把她的心和舌头给我带回来，作为杀死她的证据。听到没有？不准有错……""……遵命，王后……"武士听从王后的命令，真的把白雪公主带到森林里去了。当武士抽刀要杀白雪公主的时候，看到正在采花的白雪公主——她纯洁，善良，就像一位天使。武士不忍心杀公主，就说："王后命令我杀掉你，可我实在狠不下心来，你快点逃往森林里去吧！"说完，武士看到一头猪，跑过去杀了它，取下心和舌头作为证据，回王宫交差去了。

武士这个角色被迫接受杀死白雪公主的命令，因为他要在这个国家生活，就必须服从王后的命令：王后拥有至高无上的权力，可以决定他的生死。但他的内心是善良的，当他看到白雪公主是那么的纯洁、善良时，他又不忍加害，所以放走了白雪公主，找了野猪的心和舌头交给了王后，蒙骗了王后。

从人物关系的角度切入

一个故事里会出现很多人物，有正面的，也有反面的，还有主要人物和次要人物，所有这些组合起来，构成了庞大的人物关系网。其中，反面人物往往对主人公的行为和判断有一定的制约，正面人物又促进主人公正能量性格的形成。从人物关系的角度，我们可以让主人公发生转变，这样既符合连贯性的原则，又形成了有个性的人物特征。

我的学生史若兰、周靖涵在《宠物日记》中写了一个名叫“波波”的波斯猫。波波不仅爱和人在一起玩，还特别喜欢与小区的各种贵妇犬们做游戏。波波的姐姐白白就不喜欢狗，她还不许波波与狗在一起玩。就因为波波不听她的话，她把波波关到了家门外。波波的朋友贵妇犬菲娜知道了，决定想办法帮助波波摆脱困境：

> 在路上，波波对我说她非常害怕，因为白白很可能会更加生气，永远不让她进家。我一路都在劝她不要害怕，毕竟是亲姐姐，不会那样的。刚走到白白家门口，就看到好朋友都在那里。我非常奇怪，她们说：“飞斑早就知道这件事了，所以就告诉了我们，让我们一起来说服白白。”我们一起敲开了门，白白就在里面。她一看见我们就一脸怒气，大声骂道：“你们还有脸来！看看我妹妹和你们玩成什么样了，你们快点走！”可丽非常不喜欢白白的原因就是这一点：太骄傲！于是，我们开始和她说正事，来缓和不愉快的气氛。
>
> 我们商量了将近3个小时，白白终于让步了，允许波波回家，但是从此永远不让波波出家门。因为这事，我和我的朋友们都难过了很长时间。不过，白白也很难过，因为她其实也想和我们一起玩儿，但是她不知道为什么自己这么不招狗喜欢。又过了几天，白白忍不住了，于是就带着波波冲进我们家，

说了一大堆友好的话。就这样，我们又多了一个奇怪而又友好的新朋友。

从人物自身的经历入手

人性有很多面，想要在文学作品中将这种复杂多面的人性表现出来，的确很难做到。我们可以从人物自身的经历入手，让人物性格更加复杂多变。

大家在读《西游记》的时候可能会有这种体会。在看《西游记》前几集时，我们无法想象猪八戒和天蓬元帅竟然能联系在一起。猪八戒本就是天上的天蓬元帅，因为贪恋嫦娥的美色而被贬下凡尘遭受天劫。这种外貌上由美到丑的矛盾性，就与他的经历有着很大的关系，使人读起来津津有味。

在实际创作中，这个方法可以使人物形象更加丰满。

比如，你的班主任 38 岁，博士毕业，没交过男朋友。她每天戴着一副厚重的眼镜，对待每一道习题都极其负责，对待每一个学生都非常严肃、不苟言笑。因此，同学们暗地里都说她是“老古董”。她可以成为我们前面讲过的性格连贯性的典型，十几年来一直这样做。但这位老师竟然喜欢晚上在大街上戴着面具跳街舞，而且舞技非常棒，每次跳舞总能吸引一大堆粉丝和崇拜者。除此以外，她还是游戏高手，是虚拟世界里公认的顶级玩家——“江湖女侠”。所有这些使得这位班主任成为一个绝妙人物，在她身上发生的故事一定特别令人期待。

创造精彩人物的方法还有很多，我们可以在故事中尽情发挥。要使人物具有矛盾性、趣味性，内在性格中包含冲突的因素，这样的人物形象会更加灵动有趣。当然，矛盾性并不改变人物的本来性格，而是对人物性格的补充，使人物更加丰满、更有魅力。

细化人物小妙招

1. 通过观察和体验得到第一个想法
2. 对人物进行粗线条的勾画
3. 寻找人物的个性，以创造人物的连贯性
4. 寻找人物身上的矛盾之处，以创造人物的复杂性

5. 添加情感、对事情的看法等，进一步充实人物

6. 添加特点，使人物非凡而令人印象深刻

实战小练笔

思考一下，你、你身边的朋友、你喜欢（讨厌）的亲戚中，都有哪些具备连贯性和矛盾性的地方？请你任选一个人来写，可以进行艺术加工，使人物形象更加丰满、更有魅力。

搭建人物之间的结构关系

人物与人物之间要形成紧密的联系，互相牵引、互相对抗、互相依存、互相竞争。看似两条毫不相干的人物线索，往往会随着故事的发展碰撞在一起。他们是什么关系？朋友关系？亲戚关系？仇敌关系？如果是朋友关系，那么他们是如何成为朋友的？亲戚关系的话，又是什么样的亲戚？仇敌关系，又是因为什么事成为仇敌的？这样一来，故事就有了人物关系的背景，也就是“现在”情节发展的原因。

依照情节搭配主要人物与次要人物

在故事写作之初，就要先搭配好主要人物和次要人物。主要人物是主要情节线索上的人物，直接控制并推进情节的发展方向；次要人物则是服从于主要人物发展需求而配置的，通常间接地控制情节的演变方向。次要人物包括正面人物和反面人物，可以间接地体现主要人物的性格。主要人物与次要人物的关系如同红花与绿叶，互相辉映，缺一不可。

好看刺激的故事离不开精心设计的情节，同样也离不开巧妙搭配的人物关系。人物关系搭配得当，故事的冲突就会一场接着一场，有趣的情节就会雪片般飞来。要做到这一点，其实有一个小秘诀，那就是围绕主角搭配三角关系，然后在这个

三角关系的基础上延伸，拓展另外的三角关系，最终把所有角色编织成一张人物关系网。有了这张网，就能撒出去编织动听的故事。

可以通过次要人物给主要人物制造矛盾冲突，用他们的行动来改变或制约人物间的关系，既使人物之间的关系扑朔迷离，又让情节产生意想不到的效果。以下是我的学生张玲嘉创作《幻影神云》时搭建的人物结构关系图：

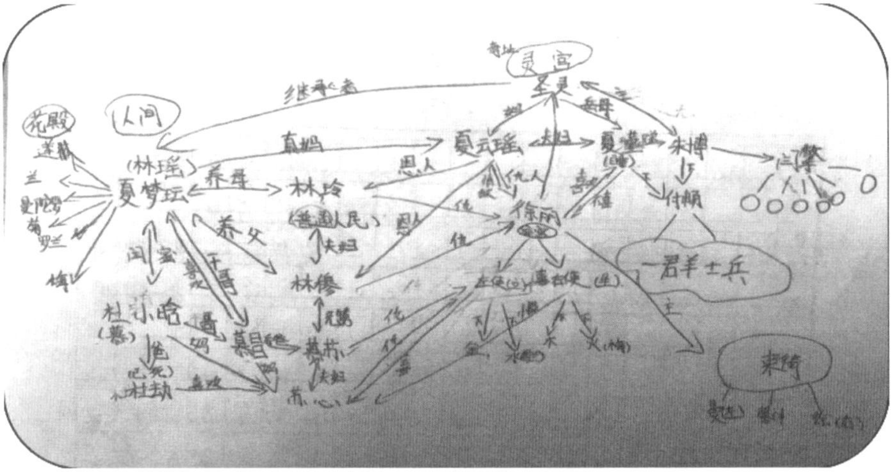

《幻影神云》人物结构关系图（张玲嘉）

依据故事发生地点配置控场人物和陪场人物

在每一个场景里发生的故事，必然有它的控场人物和陪场人物。控场人物是场景中的主导人物，引导场景中人物关系的变化以及情节发展的方向。陪场人物则是场景中的陪衬人物，配合控场人物制造场景的氛围，或者协助控场人物推进情节发展。

譬如，在餐厅吃饭，可以有英俊帅气的服务生、年轻漂亮的饭店收银员作为陪衬，控场人物可以是在餐厅就餐的主人公和他的朋友。我们对这一场景中的人物设计如下：

地点：餐厅

控场人物：主人公＋朋友

陪场人物：英俊帅气的服务生

年轻漂亮的饭店收银员

邻桌吃饭的情侣

依据故事发展设定矛盾冲突点的核心人物

许多人在写故事的时候，会遇到这样那样的问题，有时候看到自己写的感觉一点意思都没有，甚至连“高潮”部分也觉得没感觉，究其原因是矛盾冲突火候不够。解决的方法很简单，就是依据故事发展设定矛盾冲突点的核心人物。

具体来说，可以在故事发展的几个关键点安排必然要出现的核心人物，比如反面人物。在主人公想要努力达成自己的目标时，反面人物出现了，制造出矛盾冲突。主人公会怎么做？你要在构思矛盾冲突前就设计好此处的核心人物。

我的学生吴怡璇在构思《回归荒野》时，首先想出的画面是一只母狼刚刚生了一窝小狼，它们一家人快乐地在荒野里生活；然后设计了一个反面人物——猎人。猎人想要打猎，狼成为他的捕猎对象。于是，在森林里，当猎人在一个洞口附近发现一群偷偷出来玩的小狼时，他们开始猎杀小狼。

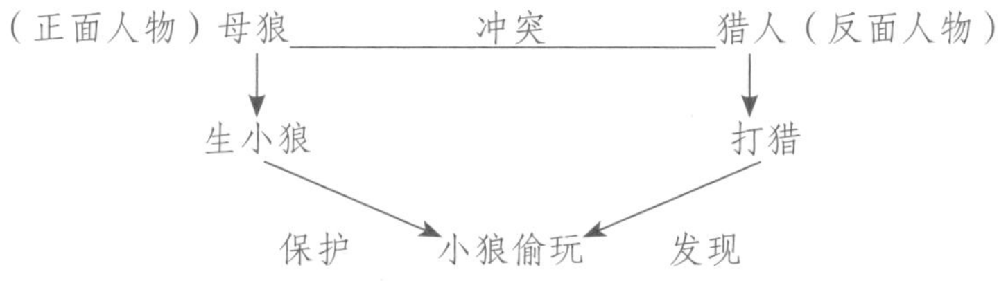

构建人物的反差

人物极少单独存在，而是存在于有各种“化学反应”的关系之中。成对的人物越来越常见，无数的故事中都存在搭档关系，比如朋友、合作伙伴。在故事中，我们总能找到这种成对出现的绝妙人物关系。把某种“化学反应”引入故事，创造出新的人、新的个性、新的东西，让人物之间相互产生吸引力，拉近他们的距离并使他们密不可分；让人物间不断出现的冲突威胁到他们的关系，会改变最初设定的人物关系，甚至可能使他们分离。这样，人物关系本身就具有戏剧性，从而让故事充满魅力。

反差比其他品质更能定义一对人物被彼此对立的性格吸引，会创造出最有利的人物关系。几乎任何关系类型的故事——无论是爱情、合作还是友谊——都包含着对立的人物。反差品质涉及职业选择、道德选择、与配偶的关系乃至饮食选择。有时，人物的种族背景、经济阶层、应对问题的方式也会产生反差。

我的学生韦斯涵的《重生——绝世特工》中，绝世特工查尔德和CIA局长本来是下级与上级的关系，但CIA局长本身还是一个双面特工，也就是查尔德隐藏在背后的对手：

查尔德一心想破解密码，突然走廊里传来脚步声，他赶紧将屏幕上的邮件删除，把手机揣进兜里，转身坐在了桌子对面的沙发上。也就几秒钟的工夫，CIA局长走了进来，看到他在屋里坐着，脸上露出一丝不高兴。查尔德摊开双手，说："局长，我现在还不想休假。"局长说："你惹的麻烦太多了，这是上面的意思，我也没有办法。好像所有的事都针对你啊，你最好避一避。"查尔德一心想破解密码信，就站起身，敷衍道："好吧，恭敬不如从命。但我会按照自己的方式查下去。"局长说："不送了。除了贴身的武器，其他装备半年内不能再调用。"查尔德点了点头，没有再说话，起身走了。查尔德加快脚步到达停车场，驾车快速离开大楼，往回家的方向开去。这封邮件到底写的什么呢？CIA局长到底在和谁通信？为什么内部的军网还要加密？他的预感越来越不好了。

回到家里，他把门关好，一屁股坐在沙发上，掏出手机，找出自己拍的照片，想赶紧破解密码。可奇怪的事情发生了：照片还在，但邮件里的所有字都没有显示在照片上。他对着阳光左看右看，仍然是什么都没有！查尔德开始后悔没有把密码背下来。这个沉重的谜团压得他透不过气来。细细想来，也许CIA局长真的和那个秘密组织有关联。如果CIA局长就是内鬼的话，那太可怕了！

这里，韦斯涵根据人物的性格要给主人公树立一个非常强大的对手CIA局长。这个对手看似比我们的主人公还要强大，主人公面对的困难也要比其所拥有的资源多，这样一来，主人公必须全力以赴，不断寻求突破。

实战小练笔

故事的主人公发现了一张地图，这张地图上标记着一座古代城堡的位置。于是，主人公和他的探险队动身前往那个地点。在那里，他们发现了一些工艺品。这些工艺品具有重要的宗教意义，但也会引发极大的争议。他们发现，还有别人也找到了这个地方。请你为故事中的人物搭配主要人物和次要人物，并为在古堡中发生的故事配置控场人物和陪场人物，为此故事设计一个矛盾冲突点，并设计一个核心人物。

我的作品

1. 选择一个主人公，决定人物的行动目标及性格特征。

2. 创造一个人物，与主人公形成反差。

3. 添加细节，充实人物。

4. 开始时，除了主人公，谁在讲述故事过程中必须出现？我的主要人物周围需要出现什么样的人？

5. 让辅助人物传达出信息并推动故事发展。

6. 利用反差给予人物有力的刻画。

7. 拓宽甚至夸大人物的某一特征，使人物得到充分的定义。

8. 让辅助人物被他们自己个性中的反差和矛盾予以定义。

9. 我的故事中有没有反派？他们的背后有着怎样的故事？驱动着他们的无意识力量又是什么？他们是否在追求可理解的善，却采取了恶的行动去实现它？把这些加入故事中。

10. 我的故事的主题是什么？我的每一个故事人物使用了何种方式来拓展主题？把这些加入故事中。

第七章
精彩的开头

阅读的缘分
始于初见的一面。
不需精美的装帧封面，
也不必有刻意的名人荐言，
倾心于魔力的首页，
执迷在精彩的开篇，
如痴如醉！

这一面，
是难解的诱惑，
是探求未知的起点，
是通往神奇世界的标图，
是邀约未知世界的入场券！

什么样的开头最吸引人？有魔力的开头。这种魔力在你的内心种下一颗充满渴望的种子，但种子的生长却遇到了阻碍，让你不由得想要同主人公一起去解决这个问题。这样，故事就对阅读的人产生了吸引力。

这种魔法其实很简单。在讲故事之前，先问问自己：这个故事为什么会吸引你？哪里最吸引你？就从这里开始动笔。可能是一段直触你心灵的话语，可能是一道等待破解的谜题，甚至可能是矛盾冲突的双方悬而未决的问题。这样的开头就被你施加了魔力——驱动读者继续读下去。哇！这时你才发现，原来自己还有成为魔法家的潜质。

冲突来啦！停不下来

以冲突为开头的作品比较有魔力。

主人公面临的冲突、难题或者困境，能使读者真切地体验到那种心潮起伏、惊心动魄的感觉，读后倍感酣畅淋漓，这正是读者喜欢阅读这本书的原因。如果不能使捧起这本书的读者快速对书中的故事产生兴趣，那么最终的结果很有可能就是读者将其束之高阁。所以，在故事的开头就要快速将读者代入情境之中，激起读者继续阅读的欲望。

来看看丹麦作家安徒生的著名童话《海的女儿》的开头，一下子便紧紧抓住读者的内心：

在浩瀚的大海深处，有个鱼儿的王国。海王有 6 个美丽的女儿，尤其是小女儿比姐姐们更美丽，她善良纯洁，有着美妙动听的声音。她们自由自在、无忧无虑地生活在大海里。老祖母有时会给她们讲些海上面的新奇故事，使最小的公主的心中充满了对海上面世界的憧憬和渴望。终于盼到了 15 岁，小公主被允许浮上海面。她兴奋地东张西望，想把一切都收在眼里。这时一艘大船驶近她身旁，船里有许多穿着华丽的人正在为王子庆贺生日。当小人鱼看到英俊的王子时，深深被他吸引住了。忽然一阵狂风暴雨，风浪摧毁了大船，人们落入水中，向海底沉下去。小人鱼冒着生命危险，奋力托起王子的头，把他推到沙滩上，她轻轻吻了王子的额头，躲到远处的水中，等着有人来救他。这时教堂里走出许多人，一位年轻姑娘发现了王子，她叫来一些人，救了王子。王子醒了，他以为是姑娘救了他，一点也不知道小人鱼。回到海里，小人鱼把自己的心事告诉姐姐们，姐姐们告诉她这王子是谁，并指给她王子的住处。于是小人鱼决心去找心爱的王子。[①]

我的学生王嘉昌在他的《火影忍者之瞳力无双》的开篇中，就设置了充满悬念的背景，让主人公尹烈有了全新的身份，直接进入火影世界，遭遇各种险境。他是这样写的：

尹烈睁开隐隐作痛的双眼，晃晃头，不禁一阵头疼欲裂，首先映入眼帘的是一间陌生的房间，榻榻米整齐地铺在身旁。尹烈不是笨蛋，前一刻他还在玩游戏，下一刻就来到了这陌生的日式房间，他有点预感，他的梦想仿佛即将实现。

…………

尹烈走出房门，眼前是一个标准的日式房间。打开大厅大门，刺眼的阳光照得他睁不开双眼。尹烈稍稍伸手遮挡，耳边突然传来一个熟悉的声音："止水，你起了？"尹烈转头，不禁欣喜若狂，看到眼前的人，听见他说的话，使他更加确认自己来到了火影世界。

随着情节展开，读者沉浸在想帮助尹烈摆脱麻烦、解决难题的心绪之中，激烈的矛盾冲突将读者的阅读兴趣激发到最大，使读者不自觉地追随着主人公的脚步去"攻克难关"，陪主人公创造更多的奇迹。

① 安徒生．海的女儿//安徒生童话全集（4）．广州：广东旅游出版社．2017：1.

实战小练笔

故事梗概：你在阅读一本书的时候被书“吸”进去了，你一直想找到回家的路，而只有找到这本书的秘密咒语，才能开启通往外界的大门。在书里，你智斗恐龙、挑战鳄鱼、横穿凶险无比的桑巴干邪恶大峡谷……

请你为上面这个故事设计一个具有矛盾冲突的开头。

以吸引人的场景开头

一开篇就营造一个立马能吸引读者的场景，这是寻找故事切入点的一种很棒的技巧。只要读者被你的场景吸引住了，那么你的作品就能在众多故事中脱颖而出，成为受人关注的焦点。

法国著名作家大仲马的《基督山伯爵》情节生动曲折，出人意料。他在第一章“船到马赛”开篇是这样写的：

> 一八一五年二月二十四日，圣母瞭望塔值班员发出信号，示意有船进港。法老号抵达士麦那后，途经的里雅斯特、那不勒斯返航了。
>
> …………
>
> 法老号顺利穿越卡拉萨雷涅岛和雅罗斯岛间因火山爆发形成的海峡，绕过波梅格岛前行。这艘三桅船张满中桅的主帆、船首的三角帆和船尾后帆，渐渐驶近港口，但行驶极为缓慢，看似有气无力。岸上看热闹的人都觉着有些不对劲儿，纷纷揣测船上出了什么意外。不过行家一眼便能看出，即使发生意外，也不在船本身；大船行进平稳，全无操纵失灵迹象：铁锚徐徐放下，船首斜桁脱离支索，船已驶进马赛港狭窄的入口。有个年轻水手站在领港身边，机敏地注意着大船的每一个动作，准确地复述着领港员的每一个指令。
>
> 一种莫名的不安，在圣让堡平台的人群中弥散开来。其中一人按捺不住，

等不及大船进港，便跳上一艘小艇。小艇向法老号划去，在大船驶近雷瑟夫湾时靠了上去。[①]

我的学生赵慕尧在《元素大师》中营造了一个独特的空间环境，充满了神秘感。他是这样开头的：

在茫茫的宇宙中，四位少年寻找契霜鼎基底，并在那里修炼成元素大师。一切，都是从那种神秘的预言池开始的……

引子——元素的起源，人类的诞生

这是一个寂静的世界，没有任何物质，包括万物的开端——元素。

突然，一个金黄的亮点出现了，出现得是那样突然，以至于不仔细观察，不可能发现它，它就如同在空气中的一粒尘埃。但是，它在扩大，它在吞噬周边的寂静。慢慢地，我们可以清楚地看见它了。再然后，它已经蚕食了整个黑暗的五分之一……四分之一……三分之一……二分之一……

这就是后世所称的“开天辟地”时代。

这可是小作者创造的“开天辟地”的时代。故事的大环境跳出既有的视野，将读者带入全新的领域，给人带来无限的想象。

实战小练笔

一次旅行中，少年科比在雪地里迷路了，他意外地发现了一大堆宝藏，原来是外星人留在地球的宝贵财富，但这个宝藏由地心怪物看管着。请你为这个故事写一个吸引人的开头，要不落俗套。

① 大仲马．基督山伯爵．周克希，译．南京：江苏凤凰文艺出版社，2018：1.

以等待破解的谜题作为切入点

除了以上几种开头，还可以用破解谜题作为切入点。举例来说，美国作家拉斯金的《威斯汀游戏》讲了一个不同寻常的故事，涉及一份两亿美元的遗产，十六个继承人当中，只有一个人能够继承巨额遗产。开头是这样的：

> 大理石般的云影，密布在灰蒙蒙的密执安湖上空。格雷丝·温沙·威克斯勒把车停在威斯汀老屋前的马路上，带着两个女儿往屋内走去。她的丈夫拒绝参加这个遗嘱大会，但是她要来。尽管家中对这个阔佬叔叔议论纷纷，但不管怎样，他是她的亲戚。格雷丝说服了自己，她可是天经地义的继承人。像杰克，他是犹太人，根本不可能与萨姆·W. 威斯汀有任何关系。
>
> …………
>
> 特图尔坐在另一张椅子上，她假装从来没见过这间书房。突然，她吃惊地站起来——一口覆盖着国旗的棺材停在房间的一角，里面躺着那个死人，和她发现他时一模一样。只是他现在穿上了萨姆叔叔的衣服——包括那顶高高的帽子。他那双蜡一般的手交叠在胸前，上面放着她妈妈的银十字架项链。[①]

故事一开篇就安排等待破解谜题的十六个继承人陆续来到威斯汀老屋，离奇的故事由此拉开序幕。八对拍档，八条线索，随着一次次的猜测，故事越发惊险刺激，我们的心里也有了自己的答案。

时空穿梭是当下非常受欢迎的故事题材之一。我的学生张艺先写了一个故事：某个经常考倒数第一的学生叫“吕措”，他非常不喜欢学习，经常受到爸爸妈妈的高强度打压。一天夜里，他在梦中遇到了一位拥有魔法的神仙，神仙送给

① 拉斯金．威斯汀游戏．李鸥，译．天津：新蕾出版社，2017：1.

他一本可以提升智商的神书，一再叮嘱让他书不离身。醒来后，他真的在枕边发现了这本神书！很快，他各项考试都取得了优异的成绩，无人匹敌，并在一次全国数学大赛中获得了一等奖。在领奖的那一刻，他竟然神奇地去到了秦朝，发明了许多计算方法，并辅佐秦始皇，成为一代名相吕不韦。这个故事的切入点就很有挑战性。

故事开头就描写主人公站在领奖台上的情景，给读者带来一个待解的谜题：

“啊——终于，终于！”吕措的耳朵听到主持人响亮地念出他的名字时，他的嘴巴上下微微抖动着，双手轻轻抚摸了一下放在衣服内侧的神书，双腿迈着沉重的步伐向颁奖台走去，手指哆哆嗦嗦地不小心触碰到主持人手中金灿灿的奖牌。荧光灯闪耀在他脸上，带有微微亮光，让他感觉有一丝兴奋——跨越极限的兴奋！他一直期盼着可以得到这块奖牌。终于，终于，他的努力得到了认可……这一刻，他热血沸腾！神书仿佛也感受到了他的情绪，在他的胸口旋转起来，越来越热，伴着灼热的刺痛，只见夺目的光芒从他的身上发出。啊！吕措被这束光照得睁不开眼，晕了过去……观众的惊呼声排山倒海地涌来：“领奖的同学不见了？！”

短短几句话，就把主人公消失的原因、看点和需要介绍的东西展现出来：神书、颁奖晚会、奖牌、高度兴奋的主角……读者很快就能代入这个画面，都能想到主人公正在干什么，并联想到：神书究竟为什么会有这样的作用？那位神仙真的存在吗？主人公为什么会消失？他去哪里了？

开头这个切入点带来的好处就是：给读者留下广阔的想象空间，令读者对后面的故事发展充满期待，既增强了故事的吸引力，还不影响进度，可以说是一举多得。

实战小练笔

乔治是小学五年级的学生，他班上有个女孩，这个女孩不仅品学兼优，还经常在乔治遇到难题时帮助他。一个偶然的机会，他发现女孩的眼睛与其他同学不一样，仿佛能看见别人的内心深处。请你为这个故事设计一个谜题式的开头。

我的作品

请你从以上几种方式中任选一种方式设计你的故事开头，也可以自行设计一个别致的开头。记住，只要能让你的文字与众不同，具有魔力，拥有让人继续阅读的吸引力，那就是一个优秀的开头。一定要开篇就吸引住读者的注意力，吊足读者的胃口。开始你的魔法创作吧！

第八章 伏笔和照应

是散落在雪地里的透明水晶吗?
悄然无息地隐匿,
却在关键时刻,
发出奇异的光芒!

是遗落在广阔无垠大漠中的宝藏么?
漫无目的地寻找,
不经意地获得,
其实是独具匠心的预设!

伏笔就像哈利·波特魔法城堡里的神奇魔法棒，当我们随着哈利·波特捡起它的时候，还以为它只是一根漂亮的小棒子，但在最紧要关头才恍然大悟：原来这是魔法世界最负盛名的神奇魔法棒啊！

说话还能埋伏笔？好厉害！

一个故事能否成为具有魔力的作品，能否让每个字都拥有魔法，让读者一旦捧起就很难再放下，伏笔可是起到重要的作用。伏笔就像一个羞答答的姑娘，总是比较含蓄，在故事中不会直白地告诉你：看仔细喽，我是一个伏笔，我的作用可大哩。恰恰相反，她甚至让读者无法察觉这是作者有意为之的。当情节反转、冲突激化之时，也不会产生突兀感，反而带来答案揭晓后的恍然大悟、心结释然后的畅快淋漓。

《红楼梦》的结局是林黛玉香消玉殒，贾宝玉出家做了和尚。这在文中早有伏笔。在《红楼梦》的第三十回中，林黛玉被贾宝玉惹恼了，与贾宝玉之间有一段对话：

> 黛玉道："我回家去。"
> 宝玉笑道："我跟了去。"
> 黛玉道："我死了呢？"
> 宝玉道："你死了，我做和尚。"

宝玉出家当和尚的结局直至第一百一十九回全书即将结束的时候才出现，而早在第三十回就通过宝玉的话语埋下了伏笔。这无心的一句话在后面多次暗示宝玉要做和尚，为他最后的命运埋下了伏笔。

又如《水浒传》中梁山泊英雄被朝廷"招安"也是早有预兆的。其实，早在第三十二回"武行者醉打孔亮 锦毛虎义释宋江"中就埋下了伏笔。当时，宋江还没有上梁山，在与武松的对话中布置任务："兄弟，你只顾自己前程万里，早早的到了彼处。入伙之后，少戒酒性。如得朝廷招安，你便可撺掇鲁智深、杨志投降了”，预示了梁山好汉的大结局。

在我的学生吴怡璇写的《回归荒野》中，安迪是一只身材孱弱的小狼，因为人类的猎杀失去了兄弟姐妹，失去了原本快乐的荒野生活。这样一只弱小的狼被人类领养了，它遇到新主人安娜，安娜温柔地照料着小狼，一狼一人幸福地生活着。可是，嗜血贪婪的人类竟将小狼作为诱捕狼族的工具，小狼被送到了猎狗训练场，在一群猎狗的猎杀下奄奄一息。幸亏安娜及时赶到，她用自己的身躯从猎狗嘴下救走了小狼，但也因此擦伤了皮肤。安娜的爸爸看见女儿这么拼命，急忙大声喊道：“这孩子，不要命了？”安娜却无比坚定地回答：“就算为安迪死了，我也心甘情愿。”这为后来安娜得狂犬病而死埋下了伏笔。在安娜得狂犬病之前，故事仍继续着，一点都没有提及当时的擦伤会给安娜带来的影响，伏笔隐藏得很妙。直到读到照应之处，读者才明白：哦！原来是这么回事。

伏笔可以通过人物的语言说出来。在人物的对话中埋设一些小的伏笔，对下面的故事发展进行启示，更能增添文字的魅力。例如，不小心说错了，或者是在对白当中做言语暗示，或者是一句不经意间的潜台词，等等。总之，让人感觉似乎有潜在的暗示在里面，但又不明白究竟在哪里，也就是所谓的“伏而不显”。这样，等到谜底揭晓之时，就能营造出一种令人出乎意料又好像在情理之中的艺术效果。

实战小练笔

有一天，著名侦探福尔摩斯接到了一个神秘的电话，说科学怪咖卢林教授从他的居所消失了。请你在卢林教授消失前与福尔摩斯的对话中埋下伏笔，说明有人想要窃取国家机密。

肖像为伏笔，人脸藏玄机

随着科技的发展，人脸识别系统已经进入千家万户。要知道，世界上有多少张形态各异的脸啊，每张脸又都是那么灵活多变，人脸识别系统却能精准识别，就连双胞胎也难以骗过它的“火眼金睛”。那么，奥妙在哪里呢？在于它能抓住每一个人脸部的细微特征。其实，我们手中的笔也可以抓住这些独特的外貌细节，让故事中的人物形象拥有自己独特的魅力，让每个人物都有自己的个性和特色。利用人物肖像来巧设伏笔，就是一种很棒的创作魔法。

比如，你想写一位同学总被人欺负。可以在写他出场时先来一段肖像描写——“他的眉宇间时常带有伤痕”，然后继续引入其他一些故事。直到后来，有一天，你偶然在放学回家的路上发现邻居家的小孩正在欺负他——那一瞬间，就对前面的肖像描写进行了真实的印证，为下文设下伏笔，使后面的故事读起来更真实、更有连贯性。

借助人物肖像埋伏笔，在描写人物形象时不容易被读者特别注意到，但是在照应之时，却会让读者恍然大悟。

蒲松龄在《聊斋志异》中塑造了一个奇女子——婴宁。在这篇小说里，作者着力刻画的是婴宁的外貌及其嗜花爱笑的特征。在婴宁出场的一刻，作者用了寥寥十余字就刻画出婴宁的风华：

> 拈梅花一枝，容华绝代，笑容可掬。

这为后面描写婴宁嗜花爱笑的性格埋下伏笔。

实战小练笔

一个小女孩从小就受到女巫诅咒，被丢在荒野之中。小女孩没有死于荒野，而是变成了一个野人。十年后，她被一个野外露营团队发现，被送回了曾经居住过的城市。城里的人都不接受她，只有一个人例外，这个人就是赫赫有名的骠骑将军。他收留了女孩，给她提供藏身之所等各种帮助，协助她实现自己的梦想。最后，女孩才发现骠骑将军原来就是她的父亲。请你借助人物肖像埋伏笔，照应后面的情节，提示帮助女孩的人就是她的父亲。

巧设物件伏笔，魔法秘密加持

在写作中，我们会写到一些物件，这些物件可能是家具的摆设，可能是人身上的饰品，甚至可能是无关痛痒的街头巷尾的寻常存在。我们可以给这些物件施加魔法，让它们在故事中不经意地出现，成为散落故事中的宝石，等待读者去发现其暗藏的秘密。

法国作家莫泊桑的小说《项链》中有许多出人意料的神来之笔，让人读后惊叹不已。特别是最后揭晓项链竟然是赝品，而故事的主人公却为此付出了近乎一生的劳动。这在故事当中曾有三次暗示。

第一次，佛来思节夫人对于玛蒂尔德提出借项链的请求，回答是“当然可以”。“可以”前面还加上了个“当然”，潜在的意思就是：项链不是贵重的物品，当然可以借。

第二次，找项链时，珠宝店的老板说，这个项链不是他卖出去的，他只卖出了它的盒子。其实就是暗示读者，盒子里装的是另外一条项链，否则有谁会买项链只买个盒子。

第三次，还项链的时候，项链的主人怪玛蒂尔德耽误的时间长，却没有打开盒子看一看。这么漫不经心，说明主人对项链并不重视。若认真想一想，一条如此名贵的项链，怎么会不检查一下呢？唯一的原因就是，仿制的项链当然不用太在意。

在整个小说当中，这三次暗示含而未露，并没有直接告诉读者项链是假的，而是让读者自己去揣摩和体会，却又是把情节推向高潮的不可或缺的伏笔，升华了我们对主题的认识。读过之后，细细咀嚼，会发现能有这个结局真是情理之中啊，让人有一种恍然大悟的感觉。

要注意，我们所有故事开头写到的物品一定要在后来用到，否则就不要写它。比如，在故事的开头写墙脚放着一把雨伞，到故事结束前，这把雨伞一定要发挥它的作用：可以出其不意地充当特工的保护伞，用来阻挡子弹；可以通过按动机关，成为与敌人搏击的武器；等等。

伏笔在作品中的存在是微妙的，不但可以让结构更加严谨，让情节更加连贯，同时可以让阅读空间更大，读起来更有味道。一边读书、一边寻找作者埋下的“宝藏”，真是趣味盎然。

实战小练笔

星际探险者在土星的一颗卫星上发现了一个洞穴。他们在勘探这个洞穴的时候，发现了一座地下城市。请你从星际探险者的视角来描述洞穴的细节，埋下伏笔：它实际上是早期星际旅行者在几千万年前建造的临时避难所。要想好在什么地方让读者发现这个秘密。

千万别小看环境，里面有玄机！

环境可是一种有力的武器，在关键的时刻，利用环境埋下伏笔，能让故事更加紧凑。将看上去无关紧要的环境写在故事的发展中，实际上对下文将要出现的人物或事情预先作出了某种提示或暗示。

我的学生马兰欣、周靖涵在写《梦镜晴空》时埋了一个这样的伏笔：

晴雨坐在后座上，不自在地动了动身子，随后打了几个喷嚏——她闻到这辆皇家马车上有着非常刺鼻的香味。嗯……好像是紫罗兰小香薰的味道……晴雨捂着鼻子拉开窗帘，却为窗外的景象所迷醉：天幕的最东边，无数镶着金边的光点在一点一点地融合，然后化作一道闪亮的七彩光芒。光芒在风中羽化，变作一只美丽的鸟儿，飞向那最耀眼的地方，最后变成一幅图腾，印在那晨曦的源头。这奇异的景观只出现了一两分钟，却吸引了所有人的目光。

这段文字中埋了两处伏笔。第一处是晴雨在马车后座闻到了非常刺鼻的香味后安然无事，但这种香味却为后面闻到另外一种香味时，同行的其他人没事，独独晴雨晕倒埋下了伏笔，因为两种香味混合后会产生毒素，让晴雨陷入深度昏迷之中。

第二处是晴雨拉开窗帘看到的彩凤图腾，这个图腾关系着晴雨的魔力和身世秘密。故事中多次出现彩凤的身影，却不解释出现的原因，仿佛就应该如此，其实是多次设伏笔。到后面揭示晴雨的身世时，读者才恍然大悟：原来在这里伏着呢！

实战小练笔

特工从飞机上盗取了敌方储存国家机密的芯片，被追着逃到一个陌生的地方。请对这里的环境进行描写。设想一下，这是什么地方？发生在什么时间？当时的气氛如何？如何给后文埋下伏笔？你想在什么时机进行照应？

玩捉迷藏啦，把宝藏藏在哪里好呢？

从小到大，每次玩捉迷藏游戏时，负责找的人总是很想知道小朋友们都藏在哪里，越是难找，就越是不肯罢休，直到彻底找到才会心情畅快。捉迷藏游戏的好玩之处就在于，你不知道小伙伴们藏在哪里：可能藏得比较远，也可能就藏在身边。埋伏笔也是如此，读者因为不知道哪里是伏笔，也不晓得每一处描写的景物、事件、细节与后来发生的事情都有什么联系，所以脑袋中充满了各种疑问，读起来会觉得趣味十足。

让读者在故事里捉迷藏、寻找答案，创作是不是变得越来越有滋味了？学了这么多埋伏笔的方法，你一定想在你的故事里悄悄埋下“宝藏”吧？不过，埋藏的地方要隐秘，要把“宝藏”埋在一个不会轻易被发现的地方。

下面三种距离的伏笔对情节的作用各有不同，你可以根据故事的需要来埋设伏笔。

就近伏笔

就近伏笔，就是伏笔和照应的距离比较近，刚刚埋下伏笔，就很快照应它，即埋即用。

比如，你想写你与超人成为好朋友，可以在这个情节之前埋一个伏笔：一个偶然的机会，超人与地球入侵者战斗时，一根电线杆掉落，差一点砸到主人公。超人把主人公转移了位置，救了主人公。关键的伏笔是，超人离开时，回头向主人公微微一笑，主人公内心产生了微妙的变化。之后，主人公开始追寻超人的身影，关注媒体上对超人的报道，并最终在超人与机器人的战斗中帮助了超人，与超人成为好朋友。超人救了主人公后的一笑，给主人公心灵上带来了震撼，使主人公对超人产生深深的敬佩。这个伏笔就是就近伏笔，当时埋，马上用。

远程伏笔

远程伏笔的使用非常广泛，许多有意思的中外名著中都有远程伏笔，时间的跨度较大。就像你要写一棵树，那么在写的时候就写先种下一棵树，可能到明年、后年甚至几十年后才会再次提及它。

许多故事都是在开篇时就埋下伏笔，读到时感觉不出有什么深意，而实际上为以后的事件打下了基础。每一件事情的发生都有迹可循，让人读起来顺理成章。

在 J. K. 罗琳的《哈利·波特》第一部中，邓布利多对哈利说斯内普教授是个好人，哈利不相信，随后的种种巧合和误会更加深了哈利对斯内普教授的误会。直到最后，才证明斯内普教授确实是个好人。这就是远程伏笔。

远程伏笔的照应往往在很远的地方出现。运用此法的秘诀就是：必须对作品中的主要人物及事件有透彻而充分的了解，知晓每一个人的行动路径，知道故事的发展方向；在谋篇布局上有缜密的构思，瞻前顾后，成竹在胸。这样的作品才会结构严谨，读起来跌宕起伏、扣人心弦，让读者欲罢不能。

连锁伏笔

连锁伏笔经常用在侦探小说之中，随着情节的发展多次出现，时隐时现，时断时续，因此往往具有线索作用。周星驰的电影《大话西游》中就采用了这种方法，孙悟空手中的月光宝盒随着故事的发展多次出现。这样的伏笔就像我们在浩瀚无垠的宇宙中藏下了许许多多的宝藏：我们一边创作，一边藏宝，又一边发现宝藏，给读者制造了许多兴奋点。而读者在不断发现宝藏的过程中进入情境，与主人公同喜同忧。

从字面理解，伏笔重在一个“伏”字，通常比较隐蔽。在福尔摩斯探案故事中，如果伏笔埋得不够巧妙，读者马上就会发现，故事也就进行不下去了。缺少了惊险刺激、身临其境的感觉，主人公的探案就会显得牵强。

巧妙的伏笔，在没有看到照应之前，貌似闲来之笔，通常只有一两笔，点到为止。

实战小练笔

未来社会，虚拟现实技术已经发展到可以与真实现实生活相抗衡的地步，人与人之间的关系日渐疏离，纷纷逃遁进刺激好玩的虚拟世界里。故事的主人公担心，如果这种技术再进步，就会使人类文明发生倒退，因此他开始号召人们回归理智，但遭到了暴力反击。请你为故事埋设一个伏笔：科学家在研发最新的虚拟技术时，也预料到社会可能发生的演变，于是研究出了一套关闭虚拟世界的程序。这套程序被关在科技城顶楼的密码隔层的虚拟空间里。你可以：

（1）将伏笔埋在开篇，就近伏笔，随之予以应笔。

（2）选择合适之处埋下伏笔，远距离照应。

（3）让这一伏笔像线索一样时隐时现，时断时续。体现两处伏笔即可。

我的心还悬着呢！别忘了应笔啊！

在充满梦幻的故事田野里，你埋下许多宝藏，是不是特别想赶紧被读者找到呢？别着急。后面的故事中，就要把这些宝藏在恰当的时机展现出来。“前有伏笔，后有照应”，这是所有伏笔运用者都必须做到的，否则，没有照应的伏笔就不是伏笔了。读者们都等着小作家们放大招呢！

其实，让读者发现宝藏的方法有很多。你可以“一次伏笔，多次照应”“多次设伏，一次照应”或是“多次设伏，多次照应”，根据内容表达的需要进行选择，巧加布局。

使用伏笔和照应的小贴士：

（1）有伏必有应。如果你在开头提到了主人公擅长绘画，那么在后面就要提到主人公绘画得奖、举办画展或因绘画受到赏识等。不伏不应是败笔，只伏不应同样也是败笔。

（2）伏笔要伏得巧妙，切忌刻意、显露。要让别人无法轻易觉察到，如风行水上，自然成文。比如，描述卧室中暗藏密室，机关就在书柜旁边的台灯上方。第一次描写这个密室的时候要有这个台灯的描写，让人觉得合乎情理，为后面紧急关头躲进卧室误碰机关埋下伏笔。

（3）伏笔要有照应，前后不宜紧贴。如果伏笔前后贴得过近，反而会使文章显得呆板，读起来枯燥无味。

伏笔与照应，既有纵向的瞻前顾后，又有横向的左顾右盼，它们织成小说严密的结构网络。伏笔需在不经意间埋下，如草蛇灰线，阳断而阴连；应笔则应不着急，稳重淡定，就像两个高手在下棋，本来兵临城下，却着一子而全活。

实战小练笔

宇宙怪兽来入侵地球了！它长得非常高大，有三层楼那么高，集结了许多战警都无法消灭它。请你为这个故事写一个开头，在开始的时候就写出宇宙怪兽的一个弱点，但注意不要让读者发现。埋下这个伏笔后，让战警最终利用这个弱点打败宇宙怪兽。

我的作品

你可以运用本章讲过的小魔法，让环境、对话、小物件等一切与故事相关的东西都成为可以埋设的伏笔。要想好在什么时候照应。一定要选择恰当的时机照应，可以在故事的发展过程中，也可以在结尾处。让读者蓦然回首时恍然大悟，体会构思之精妙。

小物件：

出现的地方：

作用：

何时出现应笔：

环境：

故事：

作用：

何时照应：

第九章

回味无穷的结局

翻开故事的画面，
一幕幕在眼前浮现，
触摸文字沉淀的质感，
揭开封印于书卷中的最美瞬间。

在喝彩中回味，
在品读中悸动，
尘埃早已落定，
才没有辜负这些过往的心醉。

一切美好的开始，
一切长情的陪伴，
在时光流转中，
所有的美好、挣扎，
都在此处挥泪告别。

圆满也好，
残缺也罢，
其实，只是猜不透的结局，
或者，又是一个新的开始。

有一个美丽的童话：在神奇的果果国有一片美丽的桃花园，桃花园里的桃子极其鲜美可口，据说善良的人只要吃上一口就可以长命百岁，生了重病的人只要吃上一口就能康复如初，丑陋的人吃上一口马上变得貌美无比。既然这桃子具有如此神奇的魔力，那么它一旦曝光，必将引起整个世界的动荡，成为世人争抢的宝贝。这可是一个可以满足人们内心深处愿望的桃园，谁不想吃一口啊！于是，故事中的人物运用他们的智慧，历经艰难险阻，后来……后来怎么样了？他们到达神奇的果果桃园了吗？那鲜美的桃子他们顺利采摘到了吗？

加把劲儿，你的作品就要收尾了，你还要写出令人回味无穷的结局呢！在这一章，我们一起来看一看五种不同的结局。

幸福圆满的大结局

很多时候，我们的内心都有一种憧憬：在结局的时候，将世间最美好的东西都赋予笔下的主人公，虽然他经历了诸多挫折，但我们仍愿在他的生活中幸福常驻、美好永存。这源自人们心中对美的追求和向往，就像白雪公主和白马王子一样，从此过上了幸福的生活。这是很多读者希望看到的美满结局，也是许多文学作品的主要结尾方式。

《冰原上的剑齿虎》是一部美国儿童小说，讲述了这样一个故事：杰克和安妮是一对个性截然不同的兄妹，他们在森林里发现了一间堆满书的神奇树屋，这间神奇树屋像是一架时光机器，帮助他们到一个个不同的时空旅行。他们历经各种挑战，终于回到属于自己的时代，圆了读者心中美好的期盼。结尾写道：

> 回到这个时代真好，杰克心想。既温暖又安全，而且他们就快到家了。“我真高兴，因为我们不用为了晚餐而到处打猎！”他说。
>
> “是呀，爸妈已经准备好了，”安妮说，“在超市里买的。”
>
> “我希望克鲁马努人能逮着一些意大利空心面和肉丸子！”杰克说。
>
> “我希望他们能逮到一块比萨饼！”安妮说。

"快点，我快饿死了！"杰克说。

他们在人行道上快跑，冲进了自家的大门。

"我们回来了！"安妮高喊。

"晚餐吃什么？"杰克也大喊。

我的学生李泽中、和奕儒和高嘉仪[①]写了一个名为《战争帝国》的故事。故事讲述了一个无名小卒无意间被人发现了自己潜在的军事才能，他通过自己的一步步努力，变成一名令人信服的指挥千军万马的将军。一次次惨烈的战争使他成长，领悟到了什么是真正的战友情、兄弟情，而战争就意味着流血、牺牲、失去、痛苦……结局是这么安排的：

一万打十万，战争进行了七天七夜，战士们不顾一切冲入战场，兵器、铠甲、马匹散落一地。当他们将千疮百孔的战旗插入敌方城池的制高点时，整个世界灰蒙蒙的，战士们望着销烟弥漫的战场相拥而泣，继而露出幸福的笑容，空气中流动着胜利后喜悦的味道。从此以后，再也没有战争了，吴成泰胜利了，但是只剩 152 名步兵、1 351 名骑兵杀进城里，他们终于攻下了城池，以一万对十万取得了胜利。城上已不再是张天和雷特的战旗，只剩下吴成泰的新旗帜。经此一战，吴成泰的这一支部队威震四方。

小作者曲明赫的《十二星座之荒岛生存记》讲述了十二星座的小姐妹们不满足于平淡的生活，踏上一次轰轰烈烈的航海旅行的故事。途中她们遭遇大风暴，轮船受损，被刮到一个荒岛上，最后她们克服重重困难，在荒岛上顽强生存下来。结局是这样写的：

她们在岛上已经生活了四个月。一天清晨，外面的噪音打破了小岛的寂静。她们走出屋子一看，远处一架直升机降落在海岛上，几个人从直升机上

① 三人为中关村三小学生，写这个故事时上五年级。

走了下来。十二星座的姐妹们欣喜若狂，连忙挥手求救。

坐到直升机上，默默地看着自己的基地、海岸的沉船以及她们生活的小岛慢慢地变小、变小，直到最后变成一个小黑点，消失在茫茫的天际中。而远处，曾经熟悉的身影渐渐清晰……

十二星座的小主人公们最终获得解救，回到了大都市，故事结局圆满。

实战小练笔

公元27世纪，人们热衷于网络游戏，游戏开发商将游戏芯片直接植入人体，让人们在虚拟世界里激烈竞争，几乎所有人都痴迷于游戏。慢慢地，人类已经逐渐分不清什么是游戏、什么是现实。一个有着高智商的小学生浩霖没有陷入游戏的迷局之中，他敏感地发现了游戏带来的危险，开始与游戏开发商进行激烈的斗争。请你为这个故事写一个大圆满的结局。

揭谜式结局

有时故事中埋下许多猜不透的谜语，但总有解密的一刻，这是使故事具有吸引力的法宝。那么，结局该如何收网呢？这样的故事结局既要有巧妙的安排，又要对前面埋下的伏笔进行照应。

侦探小说常用这种揭谜式结局，在故事开头设置层层谜团，读者跟随主人公一层一层揭开谜题，到大结局再将最终的谜底揭开。在《福尔摩斯探案集》中，大侦探福尔摩斯运用缜密的思维，一步步地抽丝剥茧，巧妙地揭开一个个案子背后的真相。就像下面这个“斑点带子案”的结论：

在第二天我们回城的路上，福尔摩斯把我还不太明白的一些情况告诉了我。他说：“亲爱的华生，我一度做出了一个完全错误的结论，这说明根据不充分的材料进行推断总是那么危险。由于吉卜赛人的存在，还有那位可怜的小姐对借着火柴亮光匆匆看到的东西，使用‘band’这个既有‘一帮一伙’又有‘带子’意思的词，这足以引导着我沿着一条错误的线索查下去。然而，后来我发现，无论是从窗子还是门口都进不到房间里面，进而会对里面的人造成威胁，我才立即重新考虑我的出发点，总还算有了点成绩。就像我说过的一样，我很快就注意到了那个通风口和那根悬挂在床头的铃绳。

“当我发现那不过是个摆设，那张床又被固定在了地板上时，这就引起了我的怀疑，那根绳应该只是作为桥梁以方便什么东西钻过洞孔爬到床上来。我立即就想到了蛇，而医生又养了一群从印度来的动物，把这两点加以印证之后，我就感觉我应该是找到了正确的方向。对于一个在东方受过训练而又狡猾冷酷的人来说，想要找到一种任何化学测试都检测不出来的下毒方法，这正是最佳手段。而且这种毒药能够快速见效，也是他采用这种手段的原因之一。确实，眼光再敏锐的验尸官也不可能检查出那毒牙咬过的两个小黑点。然后我又想到了那声口哨——为了以防万一，不让别人在天亮之后看到毒蛇，他就必须把它召唤回去。于是他就对蛇加以训练，很可能就是通过我们见到的牛奶，使它一听到召唤就爬回去。训练好后，他就在他认为的最佳时间把蛇送过通风口，确定使它顺着绳子爬到床上。蛇有可能咬到房间里的人，也有可能不咬，或许她可能连续一周都幸免于难，不过早晚她都会成为牺牲品。”①

实战小练笔

请你从前面自己写过的作品中任选一个感兴趣的故事，为它写一个揭谜式结局，记得照应到你在故事中埋下的伏笔。

① 道尔．福尔摩斯探案集．郑雯雯，编．长春：吉林文史出版社，2015：153-154.

设置新的谜题

有些高明的作家从来不会循规蹈矩地简单收场，他们总喜欢在结局时“恶作剧”一把，在读者认为一切已经尘埃落定从而心满意足之时，让新的谜题、新的危机、新的任务出现，把读者重新拉回想象的“虚空”中。这样的结尾适合连环故事或者成套的书系。

比如在《哈利·波特与魔法石》中：

在这个挤满普通人的车站上，哈利竟然明目张胆地提着一只装着猫头鹰的笼子，真是可恨。他身后站着佩妮姨妈和达力表哥，他们一看见哈利，就显出一副惊惶不安的表情。“你们一定是哈利的家人吧！”韦斯莱夫人说。“也可以这么说吧。”弗农姨父说，“快点，小子，我们可耽搁不起一整天。”他转身走开了。哈利还要留下来再跟罗恩和赫敏说几句话。“那就过完暑假再见吧。”

“祝你假期——嗯——愉快。”赫敏说，她不敢相信地望着弗农姨父的背影，很吃惊世界上居然有这样讨厌的人。“哦，我会愉快的。”哈利说。他脸上绽开了一个灿烂的笑容，使罗恩和赫敏都感到诧异。“他们不知道我们在家里不许使用魔法，这个暑假，我要好好地拿达力开开心。”[①]

故事到这里就结束了，读者们很想知道哈利这个假期是如何度过的。家里有一个巫师，对于麻瓜人来说简直就是奇耻大辱。在家里是不许使用魔法的，猫头鹰是否会帮助哈利与魔法世界取得联系？或许新的故事就此展开。

我的学生闫天畅、王晟、陶思晓、徐可馨[②]合写了一部《地狱温泉》，他们在

① 罗琳．哈利·波特与魔法石．苏农，译．北京：人民文学出版社，2001：1.
② 中关村三小学生，写这个故事时上五年级。

结局中写道：

> 光影战神和其他人突然开始斗法，几万枚能量粒子把宇宙大帝打得狼狈不堪。他的盔甲薄如蝉翼，马上就要现出原身了。光影战神说：“投降吧，宇宙大帝，你肯定打不过我们的，你看你的盔甲都报废了，你还怎么跟我们战斗呀？”这时，火云邪神突然想起他冲破封印时学会的新招“转送”，但只能使用一次，他赶紧把他和宇宙大帝转送到裂缝。光影战神见势不妙赶紧冲了过去，但还是晚了一步，他非常后悔刚才没有抓住宇宙大帝。黑暗之神走过来对他说：“没有关系，反正黑暗城堡已经夺回来了。”
>
> 众人不知道，逃出生天的宇宙大帝已经在炼制新盔甲……

主要敌人宇宙大帝并没有死亡，而是通过裂缝逃脱了，他又增加了新的法力，拥有更加先进的武器装备，那么后来如何呢？他的新盔甲和武器装备是如何得来的？具有哪些威力？黑暗之神是否能战胜宇宙大帝呢？这些都作为新的谜题留给读者在下一部作品中寻找答案。

《地狱温泉》“新书发布会”现场

实战小练笔

虚拟现实技术已经发展到可以与真实生活相抗争的地步了。故事的主人公担心，如果这种技术再进步，就会使人类文明发生倒退。因此，他开始号召人们回归理智。在这期间，他经历了重重困难，最终使整个人类重回理智。请你为这个故事的结局设计一个新的谜题，既能延展原来的故事，又设置出新的悬念。怎么样？试试吧！

展望未来的结尾

很多时候，一个简短的结局满足不了读者的胃口，这时我们可以设计一个能够展望未来的结尾。它不会直接告诉读者结局是什么，而是展望未来的生活情景。比如电影《西虹市首富》讲述的是：混迹于丙级业余足球队的守门员王多鱼，因比赛失利被开除离队。正处于人生最低谷的他接受了神秘财团“一个月花光十亿资金”的挑战。本以为快乐生活就此开启，王多鱼却第一次感到“花钱特烦恼”！想要人生反转走上巅峰，真的没那么简单。

《西虹市首富》的结局是：夏竹被绑架，王多鱼放弃继承 300 亿元遗产，选择救回夏竹，最后发现这只是一个考验，自己成功继承了 300 亿元。王多鱼如愿继承了巨额财富，也拥有了心爱的妻子和尚未出世的孩子。这时，王多鱼计划将所有财产裸捐，回归正常生活，却突然想起尚未出世的孩子。为了给予孩子的未来一份保障，王多鱼夫妇算了一天一夜，最后得出一个结论：生儿子太贵了，不如生姑娘好！

这个故事的结局不仅满足了观众对王多鱼夫妇未来生活的设想，立意新奇，还符合二人的性格特点。在展望未来的基础上，故事的结局被进行了深加工：一是主人公要将财产裸捐，让人出乎意料—— 一个对钱那么喜欢的人却要裸捐。二是签字的时候，主人公突然想起来尚未出世的孩子，想给孩子留一份保障，于是笑点频出，让人看完不禁捧腹大笑、爽快至极。

实战小练笔

《西游记》是我国古代四大名著之一，讲了唐僧师徒四人历经九九八十一难取经的故事。你对原著的结局满意吗？如果给你一个机会，请你为《西游记》设计一个展望未来的结局，你会如何安排？唐僧师徒四人取完经后结果怎样，他们过上自己想要的生活了吗？你有哪些自己别出心裁的设想？记得一定要符合人物性格的预设。开始写吧！

反转式意外结局

故事的结局常常要发生改变，出乎读者的预料，甚至是出现“突变”。但这个意外结局要和立意新奇、情节完整一起，呈现情理之中、意料之外的效果。

比如，在欧·亨利的小说《麦琪的礼物》中就出现了反转式结局，主人公精心准备礼物却出现意想不到的结果，但又在情理之中，符合生活实际，从而产生独特的艺术魅力：

> 她把这套发梳搂在怀里久久不放，然后抬起朦胧的泪眼，含笑对吉姆说：“我的头发长得很快，吉姆！”
>
> “德拉，”他说，“咱们把圣诞礼物搁在一边，暂且保存起来。礼物实在太好啦，现在使用未免可惜。我已卖掉金表，换了钱去买你的发梳。现在请你煎肉排吧。”

文无定法，这里提供了五种结尾的方式，但在实际写作中应该在什么地方结尾，要根据写作的需要来安排。同样，一个故事可以有多种截然不同的结局，有喜剧、有悲剧或者更多不同的方式，除了以上五种之外，还有许多可以选择，但每一种结局都应符合情节发展，合理安排。

如果你写的东西让读者心生诧异，读完后心里总是犯嘀咕，觉得怎么这样就结束啦；或者没有对前期的伏笔、悬念和线索有所照应，让这些悬而不浮；或者将线索弃而不用，甚至连最后的结果都让大家没什么期盼，缺少逻辑，让人不知所云，那就是一个失败的结尾。设想一下，假如你在洗澡，一边唱着歌一边洗着，突然没电了，此时你满身的泡沫，会舒服吗？你一定不愿做那个让读者“没洗完澡，一身泡沫就跑出来”的大作家吧！

实战小练笔

经过世界末日大战，电子人占领了人类最后的居住地，人类被赶到荒野中。电子人停止了对人类的追捕，并建造了隔离带，他们要把人类困在荒野之中，让人类在荒野上慢慢消亡。人类只能靠着茹毛饮血勉强度日。故事的主人公认为，当初就是因为人类的野蛮行径才引发了与电子人的战斗。因为这种观念，他被人类驱逐出了难民营。请你为故事设计一个反转式结局。

我的作品

请为你的故事想出几种不同的结局，可以从前面讲过的几种方式中选择一种，也可以用自己喜欢的方式来写，但要注意，你的结局要与作品的整体构思相符合，情节也要尽量完整、有深度。

番外一：

番外二：

番外三：

第十章 地点和环境

如果说
所有的地方都有故事，
那么你
就是那故事里不可或缺的魂。

午后的暖阳斜洒进书房，
有人从明媚的书墙前走过，
你用什么颜色来渲染这
俊秀的书脊？

走出岁月的流逝，
沿着履履辙迹向书脊的山坡奔走，
那巍巍的山峦在旖旎风光下
涌入书海。

向着梦想，向着憧憬，
不停地挺进，
那久违的故事里，
在潇潇暮雨中
现出迷人的广漠。

童话故事如梦似幻，二次元空间可随心所欲，游戏世界纷繁复杂，跨越时空让人自由畅快——这些场景从你充满奇思妙想的脑洞中涌出，翻手为云、覆手为雨。在这一章，让我们将地点和环境化为两大法宝，继续故事创作之旅吧！

巧妙描写整个故事的大环境

美好的故事总有一个让人难忘的大背景，它既是情节推进的风景线，也是人物精彩表演的大舞台，我们称之为故事的大环境。这个大环境包括自然环境和社会环境两个方面。别具特色的环境与人物的思想感情是密不可分的，情与景相生相存。环境描写可以从正反两个方面来衬托人物的心情，以达到情景交融的效果，使得景生情、情生景、情景相生。

环境与时代同步

故事发生的时候，所有平行的事情都在发生着，并不是所有人都停滞下来，更不是整个世界都停滞下来。把那个时期的人物生活环境、事件发生发展的背景、时代特征、社会风俗、人际关系等都在画面中描写出来，与故事同步发展，对人物性格的塑造以及故事主题的揭示都有重要作用，也让画面更真实，让读者有身临其境的感受。

《围城》的开头是这样写的：

> 红海早过了，船在印度洋面上开驶着，但是太阳依然不饶人地迟落早起，侵占去大部分的夜。夜仿佛纸浸了油，变成半透明体；它给太阳拥抱住了，分不出身来，也许是给太阳陶醉了，所以夕照晚霞隐褪后的夜色也带着酡红。到红消醉醒，船舱里的睡人也一身腻汗地醒来，洗了澡赶到甲板上吹海风，又是一天开始。这是七月下旬，合中国旧历的三伏，一年最热的时候。在中

国热得更比常年利害，事后大家都说是兵戈之象，因为这就是民国二十六年〔一九三七年〕。①

《围城》的故事发生于1937年及以后的若干年，正是中国遭受日本帝国主义侵略的时期。昔日历史的缩影就如同胶片一样在读者眼前快闪而过，无形中交代了整个故事的大环境，中国被迫地、历史性地开始了与世界的接触，中华民族的古老文明与西方文明开始了前所未有的交锋、碰撞、冲突以及交汇、融合。故事的发生地又是航行在印度洋的船上。这样特殊的发生地和当时的社会环境，以及故事的主人公方鸿渐的故事，让读者产生了一探究竟的欲望。

潘文凯、易峻禾、马笑宇、高英博、任昱嘉、徐可馨六位同学是我的学生，他们在中关村三小就读五年级时合作完成了一部玄幻小说：《梦幻神域之战争崛起》。书中描写神魔大战时的环境是这样的：

只听一声“轰隆”巨响，一场魔法战争吹响了号角，仙界、人类、魔界的千年恩怨终于演化成了战争。他们打得热火朝天，武器乱飞。法师们吹响口中的魔咒琴，漫天带着摩斯密码的咒语铺天盖地而来，追魂曲震得叶子纷纷落下，大树如同剥了面膜的非洲土著一般，将那脆弱的皮肤一块块刮落下来，又迅速不见踪迹。不知何时，一曲终了，众魔已然纷纷倒地。魔界和仙界的使者们也损失惨重，瞬间大陆的一半已经夷为平地。一位仙界神女抱着一名刚出生的小仙在默默哭泣，这位小仙在一分钟前被魔界使者的掌风波及……仙界与魔界一片漆黑，空气中弥漫着哀伤的味道。这一战，仙魔两界都失去了太多太多……

故事中采用比喻、拟人等修辞方法，形象地描绘了魔界、仙界、人界的千年恩怨演化而生的战场。整个世界伴着萧条、冷清、凄凉、压抑的氛围，为接下来的神魔大战设置好了场景，从而更好地暗示了小说的主旨——期盼实现各界生灵

① 钱锺书．围城．北京：人民文学出版社，2017：1.

和平共处的完美的梦幻神域。

自然环境

故事中自然环境的描写也应别具特色，可以是真实存在的景物，也可以是头脑中想象出来的景色，关键在于情和景要配合默契，仿若景色就是知心姐姐一般有了人类的情感。

海明威在《老人与海》第一章写了出行前的美好时光：

> 刮东风的时候，就会有一股腥味从鲨鱼加工厂飘过海港，吹到这里来；不过，今天只有淡淡的一丝，因为风转为朝北方吹，露台上阳光煦暖，令人感到惬意。[①]

在这伴着海风的惬意的环境中，老人出海后将会发生怎样的故事，令人期待。

我的学生，中关村三小六年级的潘文凯，在他的故事中这样写自然环境：

> 子时三刻，皎月当空，在这片大森林中一切都显得那么寂静。
>
> 在森林深处，有一潭湖，湖面微波粼粼，湖水清澈见底，宛如一块无瑕的蓝水晶。此时湖边站着一个人，身着玄衣，相貌英俊，有一缕残剩的黑发垂在脸颊一旁。他站在那，目光显得有些杀气，胯上的一把乌金长刀，在月亮的折射下显得格外耀眼。距离他不远处，还站着一个人，此人白衣黑发，衣和发都飘飘逸逸，不扎不束，微微飘拂，眼睛里闪动着一千种琉璃的光芒。

整个场面写得凄美、寂静，呈现出江湖儿女以争夺天下第一为理想抱负的时代大背景，更衬托出接下来侠客仗剑走天涯的豪情万丈和为兄弟两肋插刀、勇闯

① 海明威．老人与海．李育超，译．北京：人民文学出版社，2018：3.

天涯的决心。

社会环境

社会环境是人物活动的舞台，也是展现人物性格的多面镜。精到的社会环境描写往往能带来异乎寻常的功效，寥寥几笔就把故事的时代背景、人物关系、前因后果交代清楚，结尾时略带神秘地告诉读者："看吧，该说的我都说了，但那只是冰山一角，接下来肯定还有大事发生。"

《三国演义》的开篇有这样一段叙述：

> 话说天下大势，分久必合，合久必分：周末七国分争，并入于秦；及秦灭之后，楚、汉分争，又并入于汉；汉朝自高祖斩白蛇而起义，一统天下，后来光武中兴，传至献帝，遂分为三国。推其致乱之由，殆始于桓、灵二帝。桓帝禁锢善类，崇信宦官。及桓帝崩，灵帝即位，大将军窦武、太傅陈蕃，共相辅佐；时有宦官曹节等弄权，窦武、陈蕃谋诛之，机事不密，反为所害，中涓自此愈横。

开篇言简意赅，从东周末年纵论至东汉末年，由远及近，层层递进，仿佛将要展开一幅波澜壮阔、气势恢宏的历史画卷。作者为了清晰有力地表达设定好的"三国"故事核心，在开篇引入了一个既符合历史事实又符合故事核心的社会环境，其真实用意是渲染故事的环境气氛，向读者传达"东汉末年天下大乱到三国归晋"这段故事的时代背景。

前面举到的学生作品例子《梦幻神域之战争崛起》中，一句"只听一声'轰隆'巨响，一场魔法战争吹响了号角，仙界、人类、魔界的千年恩怨终于演化成了战争。他们打得热火朝天，武器乱飞。"开篇直接交代了故事的背景——千年恩怨演化为一场战争，为后面的故事交代了背景。

实战小练笔

故事梗概：你的爸爸是一名科学家，他参加了一项绝密的实验计划。在实验过程中，所有科学家都受到了辐射感染，被迫住在距离城市数公里远的一个隔离区里。据说，凡是住进隔离区的人都只能消极等待救援，并无解决方案。你为了营救爸爸，召集了另外一群科学家，进入隔离区，之后被你们看到的情况吓得目瞪口呆。

请你做一段大环境描写，把故事的自然环境、社会环境都描写出来。

环境随着人物走，连贯时空

读一本好书，如同跨越时空，让人沉浸在那如诗如画、如梦如幻的书海里，似醒若醺。

你的故事如果能让人沉浸其中，就是成功的。故事中的文字是有温度的，能让阅读的人进入主人公的世界，与主人公的视角合二为一，跨越时空障碍，与人物同喜同悲。

故事里的环境并不是像木头人一样一成不变，而是要随着情节的发展、人物的行动形成一个连续的活动体。你要为读者构建一个仿若真实存在的空间，透过你的文字，让读者仿佛能触摸到它，而且感觉它是具有连贯性的。

环境随着人物而发生改变。如果你想象不出情节发生地的环境，比如城市、季节乃至故事中房子的方位、偏僻的角落，便无法为读者构建出画面。你还要一个房间接一个房间地跟着人物走，让时间和空间随着人物的移动而变动。比如《红楼梦》中写到黛玉进贾府，这里对她来说是个陌生而新奇的地方，不由得使人想跟着她一起参观下这个连她都需“步步留心，时时在意，不肯轻易多说一句话，多行一步路，惟恐被人耻笑了他去”的“白玉为堂金作马”的地方。书里写道：

（林黛玉）又行了半日，忽见街北蹲着两个大石狮子，三间兽头大门，门前列坐着十来个华冠丽服之人。正门却不开，只有东西两角门有人出入。正门之上有一匾，匾上大书“敕造宁国府”五个大字。黛玉想道：这必是外祖之长房了。想着，又往西行，不多远，照样也是三间大门，方是荣国府了。却不进正门，只进了西边角门。那轿夫抬进去，走了一射之地，将转弯时，便歇下退出去了。后面的婆子们已都下了轿，赶上前来。另换了三四个衣帽周全十七八岁的小厮上来，复抬起轿子。众婆子步下围随至一垂花门前落下。众小厮退出，众婆子上来打起桥帘，扶黛玉下轿。林黛玉扶着婆子的手，进了垂花门，两边是抄手游廊，当中是穿堂，当地放着个紫檀架子大理石的大插屏。转过插屏，小小的三间厅，厅后就是后面的正房大院。正面五间上房，皆雕梁画栋，两边穿山游廊厢房，挂着各色鹦鹉、画眉等鸟雀。

这种连贯性的空间描写给人带来了真切感，黛玉初进贾府的拘谨也显而易见。尽管其中也有叙事者的视角，但这些所见所闻主要随着黛玉移步换景，我们也是在她的走动中体味到这种视角变化的。

我的学生王嘉昌在他的故事《混沌之巅》中写了两个空间，做到了环境的连贯而动态：

说完，辰峰便向着前面不远处的公交车站点走去。而上官云儿见辰峰走开了，也就示意司机开车向着别墅区驶去。辰峰走到站点的时候，上官云儿家的车子已经通过检查，向着里面开去了。

辰峰看着车子的背影摇了摇头，心里暗想：“自从自己接触了修道之后，真的好像一切都不一样了！”

公交车缓缓地从远处驶来，辰峰看了一眼车子，坐上车。车子向着辰峰家的方向驶去了。

实战小练笔

一段偶然的经历使一名探险者发现了进入新地球通道的办法。这位探险者发现，这个新地球和原先居住的地球截然不同，上面充满了各种奇遇。请你大胆想象探险者在新地球看到的景象，让读者随着主人公的步伐看到不同的两处环境，让环境随着人物发生变化。

环境具有人的情感

作品中的环境描写，不论是社会环境或自然环境，都不是可有可无的装饰品，而是密切地联系着人物的思想和行动。

——茅盾

在描写情节发生的画面时，相同的景物，不同的人物看到了可能会有截然相反的感受。其实，这是作者将人物的主观感受转化到周围的环境之中，进而让读者根据环境的细微变化来感受人物内心的情感。这种场面的描写带有主人公的主观情绪。

举例来说，刘慈欣在《三体》第一章这样写道：

会议是在一个大厅里举行的，汪淼一进去就对这里的纷乱吃惊不小。大厅周围是一圈胡乱安放的电脑设备，有的桌子上放不下就直接搁地板上，电线和网线纠缠着散在地上；一大摞网络交换机没有安在机架内，而是随手堆放在服务器上；有好几个投影仪的大屏幕，在大厅的角落里呈不同角度随意立着，像吉卜赛人的帐篷；烟雾像晨雾般在半空浮了一层……汪淼不知道这是否就是那名军官所说的作战中心，有一点他可以肯定：这里在处理的事情，已经让人们顾不上其他了。

汪森的眼中看到的场景，带着他的主观感受，是通过他的视线和独特的感受来描写的。会议大厅的纷乱，由于是人物带着特定的身份和心境观察到的，就自然地打上人物的印记，便于展现人物的性格特征，同时也比较自然地与整个情节的展开融为一体。

我学生赵慕尧在《元素大师》中把突然降临的另一神怪与环境的变化融为一体，将主人公的内心波动通过环境突变表现出来：

突然，狂风大作，乌云密布，一点微弱的星光完全被遮挡住了。这风从远处呼啸而来，卷起一地沙尘。风疾、土伊、火允、水鵏都被这突然而来的狂风吹得眯起了眼睛，身体也不禁微微摇摆着。在那狂风和沙尘逼近的一刹那，只见从空中落下一个人来。

环境描写可以表现出人物的内在情感和心理活动。为了故事节奏的简洁凝练，在特定环境下，人物的心境可写可不写，但环境描写的色调应与人物的心境一致。

欢快场面

主人公因为情节的跌宕起伏，心情发生相应的变化，或者欣喜愉悦，或者忧郁惆怅，这些都可以体现在景物描写之中。就像法国作家大仲马在《基督山伯爵》第五章的婚宴部分写的：

清晨，瑞瑟夫酒家准备的酒筵非常丰富。客人们急不可耐，全部穿着漂亮的衣服早早地前来贺喜，把走廊挤得满满当当的，给这个欢快的日子添光增彩。不一会儿，新郎新娘和一群伴随新娘的青年人走了过来。[①]

① 大仲马．基督山伯爵．周克希，译．南京：江苏凤凰文艺出版社，2018：30.

所有的画面都暗示了即将结婚的新郎新娘的愉快心情，给他们的婚宴镀上了一层幸福的光芒。这也与后来汤坦斯在婚宴上被警察带走的画面形成了鲜明的对比。

下面是我的学生马兰欣、周靖涵在《梦镜晴空》中描写的一个欢快的场面，写得很形象：

> 第二天的早晨，风和日丽。阳光透过树梢俏皮地与风儿捉迷藏，云朵在空中嬉戏，小草在地上跳舞，露珠在叶子上摇摆，一阵清脆的铃铛声由远方传来。

悲伤场面

人物的心情不同，描写的景物也就不同。在描写悲伤心情时，任何一个景物都是主人公情感的寄托与化身。草木皆有情，带有悲伤情感的环境就变得有温度了。曹雪芹在《红楼梦》中写道：

> 只见柳垂金线，桃吐丹霞，山石之后，一株大杏树，花已全落，叶稠阴翠，上面已结了豆子大小的许多小杏。宝玉因想道："能病了几天，竟把杏花辜负了！不觉倒'绿叶成荫子满枝'了！"因此仰望杏子不舍。又想起邢岫烟已择了夫婿一事，虽说是男女大事，不可不行，但未免又少了一个好女儿。不过两年，便也要"绿叶成荫子满枝"了。再过几日，这杏树子落枝空，再几年，岫烟未免乌发如银，红颜似槁了，因此不免伤心，只管对杏流泪叹息。

人的心情不同，看到景物之后的感觉也有所不同。同样的场景，不同的人看到有不同的心境。上面贾宝玉从生病未看到杏花想到岫烟出嫁，心中充满了悲痛。

马兰欣、周靖涵同学在《梦镜晴空》中做了一些环境描写，试图烘托出一种悲哀的心情：

浓墨般的黑夜，冰冷刺骨的寒意，张牙舞爪的树枝，铺天盖地的黑蝙蝠。大片大片的黑色遮掩住了原本的蔚蓝，一道深紫色的闪电劈了下来，将乌云分成两半。随后，更多紫黑色的闪电落下，发出阵阵轰鸣声。

曲明赫同学在《十二星座之荒岛生存记》中也描写了一个恐怖的环境，向读者展示十二星座姐妹们遭遇的海上大风暴：

霎时间，原本风和日丽的天气顷刻间乌云翻滚，随之而来的便是狂风暴雨。雨点大滴大滴地从昏暗的空中落下，重重地拍在甲板上，发出震耳欲聋的响声，仿佛要将甲板砸穿一般。小船不停地剧烈晃动着，犹如风口浪尖的一片树叶，随时都可能被海水吞没。

环境的特点是客观存在的，不同环境的形状、色彩、态势、光泽、声响等千差万别，描写的关键就在于抓住它的特征，增添感染力，有力地突出人物的心境。

实战小练笔

在未来世界里，病入膏肓的工程师想把自己残破的躯体换成一副人工组装的身体。工程师之所以铤而走险，不仅因为她对生命的渴望，还因为她的儿子遭遇了绑架。请你写一段话来描写她在知道儿子被绑架时的环境，记得要让环境带有人物的情感。

环境描写对情节转折的暗示

在叙述故事时，如果情节直接发生变化，会显得很突兀。可以将环境因素用于情节转折的预兆，为接下来的叙述起到铺垫作用，改变事件的发展方向。

《林冲风雪山神庙》出自《水浒传》，有一段写到漫天飞舞的大雪，给读者留下了难以磨灭的印象，作者施耐庵就是借助环境描写推动情节发展的：

正是严冬天气，形云密布，朔风渐起，却早纷纷扬扬卷下一天大雪来……

再说林冲踏着那瑞雪，迎着北风，飞也似奔到草场门口开了锁，入内看时，只叫得苦。原来天理昭然，佑护善人义士。因这场大雪，救了林冲的性命。那两间草厅，已被雪压倒了。林冲寻思：“怎地好？”放下花枪、葫芦在雪里。恐怕火盆内有火炭延烧起来，搬开破壁子，探半身入去摸时，火盆内火种都被雪水浸灭了。林冲把手床上摸时，只拽得一条絮被。林冲钻将出来，见天色黑了，寻思：“又没把火处，怎生安排？”想起：“离了这半里路上，有一古庙，可以安身。我且去那里宿一夜，等到天明，却作理会。”把被卷了，花枪挑着酒葫芦，依旧把门拽上，锁了，望那庙里来。入得庙门，再把门掩上，傍边止有一块大石头，掇将过来，靠了门。入得里面看时，殿上塑着一尊金甲山神，两边一个判官，一个小鬼。侧边堆着一堆纸。团团看来，又没邻舍，又无庙主。林冲把枪和酒葫芦放在纸堆上，将那条絮被放开。先取下毡笠子，把身上雪都抖了，把上盖白布衫脱将下来，早有五分湿了，和毡笠放在供桌上。把被扯来，盖了半截下身。却把葫芦冷酒提来慢慢地吃，就将怀中牛肉下酒。正吃时，只听得外面必必剥剥地爆响。林冲跳起身来，就壁缝里看时，只见草料场里火起，刮刮杂杂烧着……

林冲来到沧州，接管草料场，作者对当时的朔风渐起、大雪纷飞以及对火都进行了双向的描写，这两种环境描写好像与情节、人物没有多大关系，其实正是它们在不知不觉中把情节推向高潮，促成了人物性格的转变。大雪纷飞，熊熊烈火，问苍天，路在何方？林冲一杆花枪，投奔梁山，从此不再迷茫。可见，环境描写对推动情节发展、人物性格转变起到的作用是不容忽视的。

实战小练笔

万圣节前夜，某小镇举行了服饰大赛。因为被施了某种魔法，所有的参赛者都发现自己变成了他们所装扮的角色。只有一个装扮成福尔摩斯的人可以找出破解魔法的办法。

请你利用对万圣节的环境描写来暗示这些诡异事件将要发生。

我的作品

1.找一个你写的故事，为第一个故事关键点选择合适的地点和环境，然后列出这个故事中必须出现的人物和小物件（十个以上）。先想一想故事里中必须出现的事物，拿起笔从上往下写，一个词接一个词，写得乱点不要紧。接着将这些必须出现的事物装入你的脑中，构成故事的画面，注意故事的发生地要与故事紧密相连、完美契合。现在，描写一下这个画面的环境吧。

2.请你大胆地想象每一个小故事要使用的地点和环境，按照上面的方法，在头脑中列出10～20个地点和环境。挑选出5个地点进行细节描述，可以写出来，也可以画一画。

地点一：

地点二：

地点三：

地点四：

地点五：

第十一章

情节

故事，
情节，
我来执笔！

好看，
好玩，
妙趣横生！

镜头，
画面，
跌宕起伏！

偶然，
必然，
纯属天然！

好看的故事情节大家都喜欢，哪怕只是几个精彩的瞬间也能令我们驻足观看，沉迷于故事之中。其实，这种将脑中的情节变成文字、给读者以强大的代入感的能力，你天生就有。这一章，我们就来一起学习写好情节的方法。

镜头拆分

在讲故事之前，我们先来做个小实验。假设你进入你要讲的故事中，随时可以让时间停止。当你让所有的一切都停止时，会有什么发现？然后，故事继续；随后再次暂停，又有什么发现？

一开始，你可能会感到奇怪。但是，当你进入这个故事当中，潜入你感受到的、听到的一切时，实际上便是在操控故事的镜头。把你的故事拆分开来，依照故事的发展，让镜头一个接一个地推进，然后倾听镜头组合起来后纸页的回响。

这就好像你眼前有一件事情正在发生，你需要描述这件事的过程，你会从哪个角度来描述？写作前，你就要构思好画面：画面之中有几个人物，人物之间发生了怎样的故事。然后，把整件事再细分成一个又一个连动的镜头，也就是将一个事件分成几个主要的部分。

举例来说，有个同学写了一个故事，原文开头是这样的：

> 距离大战只有一天了，周围很安静，大家都在做最后的准备——为所有武器上好子弹。

作者想要展示的画面是大战前夕的一个场景。我们为了渲染和铺设大战气氛，最好不要用概括性的文字直接把具体的事物一带而过，而要尽量写出事物的变化，来体现这大战前紧张刺激、一触即发的气氛。文中的“大家”指的是哪些人？都是如何准备的？每一个人的心理如何？通过什么形式展现出来？文字叙述的角度如何切入？要想让读者读完后脑中迅速构建起画面、快速入境，仅仅呈现出场景还不够，必须让读者脑中的画面动起来，抓住读者的心。要记住，写得成功的重要因素是“眼中有物”“脑中有景”。这就需要考虑以下几个方面：

（1）快速组建画面的主要景物有哪些？

（2）每个景物的状态如何拆分？

（3）人物整体行动如何拆分？是如何做准备的？

（4）人物感情是通过什么行为表达的？

（5）武器装备都有什么类型？

（6）谁在上子弹？上子弹的动作如何描述？

（7）先描写谁？按照怎样的顺序？

景物拆分后，小作者进行了这样的改写：

天地风云变幻，宇宙间只剩下了一种颜色——乌黑，这黑色自上而下笼罩在英雄殿的上空。殿前那棵高大的灵树也悄无声息地等待着，带着它对战神的期许，载着它对神界命运的希望而无声地沉默着，不愿一丝一毫的声音影响到战神们。树上的神鸟用嫩黄色的前爪紧紧抓住树干，保持一个姿势已经整整一天了，它的每一根羽毛都肃然起立。就连平时喧闹的神庙集市也仿若人间蒸发一般，只有几片树上掉落的叶子静静地躺在神庙的路口。一切静寂得如同创世纪之前那混沌的世间，只剩下天地神钟左右摇摆地等待，等待那既定的决战时刻。

改后的文字通过侧面的景物描写来渲染大战来临之际天地间紧张的气氛，这种气氛没有通过作者之口直接得出，而是让景物自己说话，让读者透过文字去触摸背后的情感。这样，画面上的景物拆分成天地、有着神鸟的树等，就像用手机在拍照一样，将主题的情感融入每一个景物，读者会在脑中仔细思考画面，让眼前浮现出这个画面。一个情节可能会拆分出许多镜头，每个镜头的角度还要有所区分。值得注意的是，最好别出现直接的概括性的中心词，比如“孤寂”“凄凉”“神秘”等，而要像摄影师一样构建这个画面，让所有需要的素材都能在头脑中被迅速找到并填充进来。

故事中的每一幕场景就像存在于你脑海中的影像，你需要做的就是把它们用文字“演”出来，让不知情的读者单根据你的文字描述就能在脑中浮现与你相同的画面，入情入境。慢慢地，你会越来越熟练地将脑中的镜头转化成文字，你笔下的故事也会焕发出强大的生命力。

实战小练笔

教室里的主要人物：会使用仙术的主人公安妮（班花）、喜欢唱歌的老师、不苟言笑的男同桌尼克、学校第二大美女夏雪。

故事情节：下课了，全班同学在课间休息。夏雪趁安妮去卫生间时，故意把自己新买的手机放到安妮的书桌里，意图诬赖安妮偷窃。这一切被尼克看在眼中，但他并不打算出面为安妮作证。

镜头拆分：

镜头一：

镜头二：

镜头三：

镜头四：

设置矛盾冲突

自私和厚道、唯心论与淫荡、虚荣、羞怯、无私、勇敢、怠惰、敏感、固执和缺乏自信，一个人可以具备所有这些并形成矛盾的统一。

——毛姆

精彩的故事之所以让读者手不释卷，关键在于矛盾冲突的合理设置。巧妙而又恰当的矛盾冲突如同控制情节发展的节拍器，令情节跌宕起伏、一波三折，不断激发读者一探究竟的阅读兴趣，让读者与主人公同喜同悲。矛盾冲突的形式是多种多样的，人与环境、人与人、人与动物、动物与动物，等等，都可以有矛盾冲突。这一章讨论其中的几种。

人与环境之间的矛盾

人生存于环境之中，各种自然环境的变化影响着人的生活。当人内心的需求与环境不一致时，或者自然环境发生剧烈变化不适合人类生存时，二者之间就会产生矛盾。比如，长久干旱时的人们抗旱，地震、洪水、海啸来临时的大逃亡，等等。人类为了生存或幸福，不断用自己的智慧克服环境带来的困难。

刘慈欣在《流浪地球》中生动地描绘了人与环境抗争的壮阔场面：

黄昏并不意味着昏暗，地球发动机把整个北半球照得通明。地球发动机安装在亚洲和美洲大陆上，因为只有这两个大陆完整坚实的板块结构才能承受发动机对地球巨大的推力。地球发动机共有一万两千台，分布在亚洲和美洲大陆的各个平原上。

从我住的地方，可以看到几百台发动机喷出的等离子体光柱。你想象一座巨大的宫殿，有雅典卫城上的神殿那么大，殿中有无数根顶天立地的巨柱，每根柱子像一根巨大的日光灯管那样发出蓝白色的强光。而你，是那巨大宫殿地板上的一个细菌，这样，你就可以想象到我所在的世界是什么样子了。其实这样描述还不是太准确，是地球发动机产生的切线推力分量刹住了地球的自转，因此地球发动机的喷射必须有一定的角度，这样天空中的那些巨型光柱是倾斜的，我们是身处一个将要倾倒的巨殿中！南半球的人来到北半球后突然置身于这个环境中，有许多人会精神失常的。

比这景象更可怕的是发动机带来的酷热，户外气温高达七八十摄氏度，必须穿冷却服才能外出。在这样的气温下常常会有暴雨，而发动机光柱穿过乌云时的景象简直是一场噩梦！光柱蓝白色的强光在云中散射，变成无数种色彩组成的疯狂涌动的光晕，整个天空仿佛被白热的火山岩浆所覆盖。爷爷老糊涂了，有一次被酷热折磨得实在受不了，看到下大雨喜出望外，赤膊冲出门去，我们没来得及拦住他。外面雨点已被地球发动机超高温的等离子光柱烤热，把他身上烫脱了一层皮。①

这个故事将时间设定为数百年之后，背景是太阳发生变化——氦闪爆发，这种剧烈的物理变化将改变太阳系的环境。一旦爆发，人类赖以生存的地球以及人类社会将在顷刻间灰飞烟灭。为了生存，人类被迫逃亡，而地球就是人类逃亡的载具。为了使地球这个超级大卡车能够发动，并且挣脱掉太阳带来的万有引力，人类利用经历技术爆炸之后的科技，将地球上的石头转化为燃料，制造出地球发动机这一伟大的发明，同时为地球挣脱太阳系之后提供光明。在地球发动机建成后，人类开始了数百年的漫长的刹车时代，整个故事围绕解决此矛盾展开讲述。

来看个身边的例子。曲明赫同学在《十二星座之荒岛生存记》中讲到主人公遭遇到许许多多的困难，而这些困难基本都来自自然环境。面对自然环境的种种挑战，十几个主人公团结一心，用智慧化解重重危机，最终安全返回文明社会。比如，当她们发现有野兽出没时，为了保护大家的安全，并给大家储备食物，她们决定猎杀野猪：

一天清晨，她们在营地周围发现了一些足迹。难道是某种野兽？会不会对我们造成威胁？大家的心一下子悬了起来。为了防止野兽半夜袭击营地，她们派出了射手和天秤去寻找野兽，并配给她们每人一杆猎枪。射手跟天秤跟随着野兽的爪印，不一会儿就找到了野兽的洞穴。天哪，竟然距离她们的营地只有300米远！那是一只野猪，很高大，看样子不好对付，晚上一定会威胁到大家的安全，必须把它拿下。她们躲到草丛后面，过了半晌，确定野猪已经睡着了，才开始施展她们的计划。半个小时之后，一个陷阱出现在她

① 刘慈欣．流浪地球．成都：四川科学技术出版社，2019：1.

们面前，射手把事先带上的竹签、藤条等尖锐物品放了进去，用来刺野猪。天秤将带刺的荆棘横七竖八地摆在了陷阱口，用浮土掩住陷阱，藏在草丛里。

这种人与自然的抗争充满了矛盾冲突。在无人居住的荒岛上，生存问题成为人与自然抗争的最大问题。

人与人之间的矛盾

在人与人之间的矛盾冲突中，既有外在的行动上的冲突，也有内在的心理上的冲突、思想上的交锋。遇旱后开渠还是求雨、遇险时随众人逃跑还是独上高楼，都是不同的人之间矛盾冲突的体现。

《三国演义》中，曹操、刘备和孙权之间的矛盾一直贯穿整部小说的始终，无论是思想上、行动上还是心理上都堪称典范。大家比较熟悉的周瑜和诸葛亮，是三国之中智慧超群的人，二人之间的矛盾带来一个经典的故事：《草船借箭》。

周瑜才智过人但心胸狭隘，他嫉妒诸葛亮的才华，因此设下圈套：让诸葛亮在三天之内造十万支箭。诸葛亮将计就计，胸有成竹地立下军令状。随后，诸葛亮请鲁肃帮他借船、军士和草把子。直到第三天四更时候，诸葛亮才开始行动，请鲁肃到船里，一起去取箭。诸葛亮叫人用绳索把二十条船连起来，朝北岸驶去。靠近曹军水寨时，诸葛亮让军士们边擂鼓边呐喊。由于大雾漫天，看不清虚实，再加上曹操谨慎多疑，曹操便没有轻易派兵迎战，只叫弓弩手朝船射箭。许久后，船两边都插满了箭，诸葛亮才下令回师，此时醒悟过来的曹操想追也来不及了。十万支箭就这样“借”到了手。鲁肃把借箭的过程告诉周瑜。想到诸葛亮的神机妙算，周瑜自叹不如。

这样利用人性的弱点来设置人与人之间的矛盾冲突，极大地激起了读者阅读的欲望，推动故事情节向高潮发展，使得故事跌宕起伏，引人入胜。

社会与个人之间的矛盾

在我们生活的社会的每一个阶段，都有着当时的社会矛盾，有着当时的人情世故。因此，描写一个人的性格特点，不能单纯地说他是一个好人或坏人，还需要结合当时的社会背景，让他的性格能真实反映当时的社会。例如我们比较熟悉的《红楼梦》中的贾宝玉和林黛玉，他们的故事就表明了当时的社会现实和人们的精神状态，反映了青年男女的美好爱情受到的遏制和打击。最终，林黛玉逝去，贾宝玉出家，可谓顺时顺势、水到渠成。

人物本身就是一个矛盾体

一个存在矛盾的人物本身就是极具魅力的。每个人都有身体上或思想上的缺陷，这就是我们常说的人无完人。人人都会遇到由缺陷引起的矛盾， 这样的矛盾是普遍的、寻常的。《水浒传》里的宋江就是忠与义的矛盾统一体。莎士比亚笔下的哈姆雷特也是如此，他的冷静与急躁、乐观与忧郁的性格使他具有独特的魅力。

吴怡璇同学把这种矛盾放在了她笔下的主人公身上。在《回归荒野》中，小狼从外表看十分凶残，它在主人死后陷入悲愤，开始大规模地猎杀村子里的动物，但它的内心却又充满了对主人的怀念，以至于每晚都守在主人的坟前哀号：

> “这一天终于来了！”安迪看了看即将下山的夕阳。它每天都过着战斗般的生活。在这艰苦的三年里，它从一条处处受欺凌的家养小狼，变成一条人们畏惧的真正的狼，经历了无数欺凌、蔑视、危险和伤痛。它与人、狗为敌，想捍卫曾经失去的尊严。它的命运注定为尊严而战，只是没想到，这一天来得这么快……
>
> “今天，就把之前受到的嘲笑和侮辱全部还给你们。”看着眼前狂叫的狗群，安迪没有丝毫畏惧，反而更加勇敢。既然没有退路了，那就毫不畏惧

地战斗到死！它，安迪，第一次，也是最后一次，毫不躲藏地站在所有人面前。

一只哈士奇第一个冲了上去，安迪一扑，把它按倒在地，咬断了它的喉咙。他是第一个死去的。

…………

“砰——砰——”一直按兵不动的猎人伺机扣动了扳机。经历了无数次生死战斗的安迪倒下了，结束了它短暂的一生。

被鲜血染红的雪中，闪烁着太阳的最后一缕阳光，红得刺眼。

“勇敢，忠诚。”安迪至死都没有忘记它对安娜的承诺。

它倒下的那一刻，努力地望向安娜的墓地，做最后一次道别：“再见了，朋友！我不能再忠诚地守护你了……”

也许他们会在另外一个安详的世界见面。安迪从这里来到这个世界，也让它从这里离开吧！让它的灵魂回归荒野！

实战小练笔

想象一下：你是一个非常胆小、缺乏自信的孩子，在日常生活中，连一条毛毛虫都非常害怕，还经常受到班里调皮男孩的欺负。一个偶然的机会，你拥有了超能力，可是这种能力只在最危急的关头才能使用。一天，有一只巨型蜘蛛爬到了校园的操场上，意图对校园发动攻击。请你写出一段故事情节，展现出你的行动、心理活动和思想方面的矛盾冲突。

意料中的意外，绝对爽到骨子里了！

无论是读小说还是看电影，我们最喜欢的就是跌宕起伏的情节，因为有起伏、有波澜，故事看起来才有意思。所以，写作时一定要学会吊起读者的胃口。如果所有的内容都在读者的掌握之中，那么再看下去也就没有意思了。那要怎么做，才能让你的故事情节丰富起来？

有一个妙招：好人变坏人，坏人变好人。

在故事里，好人多是善良老实、安分守己、心态乐观的人，坏人则多是精神扭曲、邪恶自私、失去本性甚至伤害他人的人。在故事里，有些人看起来是好人，随着故事的发展逐渐变成坏人；或者原本就是坏人，直到最后他的真面目才被揭开。

《骆驼祥子》中，祥子开始想通过拉黄包车挣钱，但血汗钱屡屡被官兵、特务敲诈，后来堕落，变成坏人。这样的突转，让人既对祥子的不幸命运唏嘘同情，又对这个黑暗的社会感到深深的痛恨和厌恶。

韦斯涵同学在《重生——绝世特工》中就用到了这个技巧。在他的故事中，CIA 局长竟然和秘密组织有关联，CIA 的最高领导竟然是敌方人员，这就使剧情充满了跳跃性和不可预知性。通过反转，将矛盾冲突发展到最高峰，就是我们常说的情理之中、意料之外。

……查尔德加快脚步到达停车场，驾驶汽车快速离开大楼，往回家的方向开去。这封邮件到底写的什么呢？CIA 局长到底在和谁通信？为什么内部的军网还要加密？他的预感越来越不好了。

回到家里，他把门关好，一屁股坐在沙发上，掏出手机，找出自己拍的照片，想赶紧破解密码。可奇怪的事情发生了：照片还在，但邮件里的所有字都没有显示在照片上。他对着阳光左看右看，仍然是什么都没有！查尔德开始后悔没有把密码背下来。这个沉重的谜团压得他透不过气来。细细想来，也许 CIA 局长真的和那个秘密组织有关联。如果 CIA 局长就是内鬼的话，那太可怕了！

全新的人物带来全新的反转能量

我们都喜欢看那种冲突不断、悬念迭起、惊喜连连的故事情节：它们逐渐演变，矛盾冲突越来越多，主人公不断去冲破束缚，不断去解决这些矛盾冲突。但是，冲突随着故事的发展越来越大，仅仅依靠故事中人物的现有技能已无法解决。于是，就需要全新的反转能量登场。这种最后涌入的新能量可以是新的人物或事物，也可以是前期埋下的伏笔，比如说，主人公原来是某个孤儿院的淘气男孩，后来偶然发现自己具有能读取人内心的特异功能，或者发现自己是上天派下来拯救世人的仙子，时间一到，封印解除，便可恢复法力，诸如此类。就借助外在的能量而言，这种能量可能是来助力主人公的，也可能是在矛盾冲突当中给对手增添了一股更加强大的力量。

我们在设计矛盾冲突的时候，还有一个小妙招，就是一定要让对手足够强大，这样主人公在克服这个困难时才有成就感。读者在看的时候，也会同人物一起想办法，如同剥洋葱皮一般，层层破除这种困境，解决矛盾冲突，最终取得胜利，在这个过程中获得一种愉悦的体验，大呼过瘾！

能量值加持

能量值是在高科技领域或者二次元领域经常应用的超能法宝，人物通过自身奋斗获得了一个新的能量值。有时，这个能量值还有许多奇异功能，比如自带宝库、自带空间等，给人物源源不断的帮助。人物还可以利用科技的力量，突然成为虚拟世界的主宰，拥有各种高科技手段，使得剧情峰回路转或者导向更大的冲突。这些都可以使原本应该有一个结局的事情变得出人意料。比如在J. K·罗琳的《哈利·波特》中，哈利竟然能听懂蛇的语言，为了逃避追赶，他在情急之下踏着垃圾堆飞到学校高处；就读麻瓜学校期间，他在不自觉的状态下令老师的假发套变成蓝色，因此遭到校方警告；在德思礼家中，他将姑妈变成气球，因为她侮辱了自己和父母。这其中许多让读者兴奋、刺激、搞笑的画面，都是主人公能量值加持的效果。

在创作《火影忍者之瞳力无双》时，王嘉昌同学让主人公尹烈跨越时空，来到忍者世界，获得了提高能量的新机会：

这时，脑海里传来一个机械性的声音：“宿主身体强度为优，忍术强度为优，身体状况为优良，特殊能力：血继限界——写轮眼。检测宿主并不需要新型血继限界，自动给宿主兑换为两次抽奖机会。”尹烈一惊，当即明白了情况：自己获得了某种神秘系统。

尹烈意识到机不可失、失不再来，当即大喊：“抽奖！”“恭喜您获得子系统：宝藏系统！”“嗯？”尹烈十分不解，“能给我解释下是什么意思吗？”“子系统是主系统的一种扩展，能使用其他功能。宝藏系统是以挖掘、发现宝藏为主目标的系统！”尹烈恍然大悟，心想：“宝藏？应该都是些好宝贝！”系统仿佛能读懂他的心声一般，机械地说道：“这得基于宿主的幸运值。幸运值是随着宿主的倒霉情况而变化的。简单点说，宿主倒霉的事越多，幸运值越高；但如果幸运的事越多，幸运值就会减少。”

需要注意的是，不管你是设定人物反转还是增加新的人物元素，抑或是加入高科技领域的渗透，都得是情理之中的，不能让读者看起来有突兀感。你在设定的时候，前期要有一定的铺垫，比如要埋下伏笔：如果想说这个主人公其实是天神的儿子，前期就要说他可能身上有印记或是有一些梦境预兆，等等。到了后面，在照应的时候，读者会发现，这件事情原来早有端倪，作者在故事中早已将玄机透露给大家，只是伏而不显，令读者读后倍感惊喜。

我们说，文学是源于生活而又高于生活的，小说是真实的生活的写照，是想象的结晶，但这绝不意味着小说可以脱离生活实际随意虚构。每一部成功的作品都是在生活的基础之上对故事进行扩展，使读者产生信任感，在情感上产生共鸣。我们要将每一个故事情节按照既有的节奏巧妙编排，使画面变得活灵活现起来，共同演绎一曲曲动人的故事篇章。

实战小练笔

想象一下，一天早晨，你一觉睡醒后发现自己变成了拇指大的小人。对于一个小人来说，这个世界变得完全不一样，充满了各种危险。请你为人物设计接下来的故事情节，让故事的发展既出乎意料又在情理之中。开始吧，期待拇指小人的惊喜哦！

有节奏地创作，依据故事设置情节脉络

大家都听过音乐剧、看过舞台剧吧？当演出开始时，那优美的旋律和有节奏的情节给大家带来艺术上的享受，使欣赏者身心愉悦。其实，故事也是有节奏的。任何优秀的作品，光有精彩的情节和深沉的思想并不够，还需要有一种张弛相间的节奏表达，以控制情节发展的方向和力度。

其中最难把握的就是力度。比如，有的作品侧重写强者，主人公刚强勇猛、拼搏开拓、呼啸而来、凯歌而去；有的作品侧重写弱者，主人公蒙冤受屈、颠沛流离、默默而来、恨恨而去。这都取决于对主人公性格设定的力度。写作力度并非平直的，而是要有变化的，这种变化最能显现出创作者对节奏的把控力度。

在意大利作家科洛迪的《木偶奇遇记》中，故事通过匹诺曹曲折离奇的经历，表现出他热爱正义、痛恨邪恶、天真纯洁的品质，告诉我们要抵御种种诱惑，做一个诚实、听话、爱学习还能帮助父母的好孩子。我们一起来回顾一下这个故事的力度与节奏。

1. 力度弱：老人泽皮德把一块能哭会笑的木头雕成木偶，并给获得新生的小木偶起了一个名字——匹诺曹，还把他当成儿子养。老人卖掉上衣供匹诺曹上学，可是匹诺曹一心贪玩，为了看戏不惜卖掉课本。

2. 力度持续增强：匹诺曹在酒店获得好心老板的五枚金币，但在回家路上受到狐狸和猫的欺骗，金币被骗走；过后又遇上强盗，差点儿被他们吊死，幸亏巧遇仙女而得救。他在被狐狸和猫骗走金币后去起诉，又被稀里糊涂的笨蛋法官投进监狱；出狱后，又被捕兽器夹住，被迫当了看家狗。

3. 力度微弱：匹诺曹后悔极了，开始反思自己的行为。一天夜里，他因帮助主人抓住黄鼠狼而重获自由，便一心想成为一个用功读书的好孩子。

4. 力度变强：匹诺曹经不起诱惑，在坏同学的怂恿下又逃学到海边看鲨鱼，后被引诱到玩儿国，在疯狂地玩了几天之后，变成一头蠢驴。后来，还是仙女搭救了他。最后，他们父子在鲨鱼腹中意外重逢，设法逃了出来。

5. 力度渐弱：匹诺曹父子在海边住下。从此，匹诺曹每天去做工，有空还编篮子，晚上读书、写字；后来得知仙女病了，便把自己所有的钱给了她。仙女很感激，匹诺曹也终于成为一个诚实、听话、爱学习还能帮助父母的好孩子。

正是这种张弛有度的节奏，代入感极强，让读者一旦读进去就深深地陷入对匹诺曹的关心之中。随着故事节奏不断变化，作品对读者的“黏度”也在不断增强，在紧张刺激的同时，又留给读者可以喘息回味的空间。

对于不同的作品而言，情节强弱的表现方式是不尽相同的，可能是将人物不断逼向死角的过程，也可能是戏剧性的矛盾冲突不断激化的过程，还可能是悬念越来越深入的过程，等等。

吴怡璇同学在《回归荒野》中对节奏和力度的把握就做得非常好。开篇描写小狼孱弱无助，再到小狼目睹兄弟姐妹都被猎狗咬死，以压抑的气氛开场。接着写小狼在女主人公的照料下过上幸福的生活，情节由抑转扬。但这种欢快的节奏很快又转为沉重：女主人公因为救小狼而被猎狗咬伤，患上狂犬病，最后不幸死去。小狼又无家可归了，它的内心燃烧着一个信念——“为主人报仇”，小说的节奏再次转为昂扬，以至于升华到为感恩女主人对它的照顾，找到当日欺侮女主人公的坏人，使他们得到应有的教训。最后，小狼也被猎人打死了。这种力度的变化，使《回归荒野》读起来很有节奏感。

一般来说，急促的节奏给人以强烈或悲壮的感受，舒缓的节奏给人以宁静优美或压抑冷漠的感受，杂乱的节奏给人以刺激或警醒的感受，可以说，“每种情绪都有它的特殊节奏”。

我们常说故事要有起有伏、有张有弛，这就是一种节奏。节奏的快慢功能有所不同：快节奏很多时候用来做背景介绍、叙述焦点转换、展开和推进故事，以及交代人物最终结局；慢节奏叙述因信息容量增大，具有刻画人物、集结矛盾冲突、推动情节发展的叙事效果。复杂的情节与简单的情节有机组合、紧张激烈的事件与富有抒情色彩的事件彼此交融、快节奏与慢节奏交错相间，就可以产生跌宕起伏、错落有致的审美意蕴。

实战小练笔

故事设置：有一只喜欢穿靴子的红太猫，特别喜欢吃鱼。有一天，她让丈夫灰太猫去池塘捉鱼。但是，池塘里住着一群有智慧的鱼族，所以灰太猫想要捉到鱼是一件很难的事。于是，灰太猫为了给红太猫捉到鱼，设计了高科技捕鱼神器。后来……请你设计一个故事结构图，在图中显示哪一个环节要用快节奏，哪一个环节要用慢节奏，哪一部分要浓墨重彩，哪一部分要轻描淡写。

我的作品

1. 开始创作你的作品：从第一个故事关键点开始，请依据主人公的行动目标和情感动作线在脑中构思主人公的行动画面，在具体的活动场景中进行镜头拆分，并利用画面展示精彩的故事内容，完成所有故事关键点的情节创作。加油！让脑中盘旋许久的画面从笔尖流淌出来。

2. 在故事情节中加入矛盾冲突，可以使用本章传授给大家的小妙招，思考一下巧合与意外的合理性，让情节充满节奏感。

第十二章 此起彼伏的悬念

在这匆匆流逝的岁月中，
你是记忆劫匪，
为书海注入千万个为什么。
多少次哽咽驻足，
你留下的秘密我一直还记得。

我尝试寻找答案，
奈何情节波澜暗生。
所有欣喜错愕的瞬间，
早已偷偷隐匿在故事的浪花里。

我情不自禁寻觅，
茫茫书海中那无尽的期盼。
抱紧你在我的胸前，
让思绪在灵魂深处捣乱。

见过神奇的魔术吗？魔术师喜欢用斗篷或者布蒙上要变的东西，这就是制造悬念，勾起大家探求的欲望：到底斗篷或者布下面藏着什么东西？魔术师利用这种心理将观众的视线吸引过来。在谜底揭晓前，观众的心始终被揪着。文学创作也是如此，只不过它的悬念更多、更巧妙，让你仿佛掉入奇幻世界的迷宫一般，不断追寻问题的答案。

设置悬念，吊读者的胃口，给文字注入生命力，这事你能行！

贯穿全文的悬念

悬念，就是将一个问题放置在那里，但不解决，让人心痒痒的，你越是急切地想知道，越不马上告诉你。它与上一章所讲的伏笔不同。伏笔是不刻意让人们去发现的；悬念则是作者有意设置的疑问，是为人们知晓而又无法得知答案的问题。

一本文字带有魔法、故事具有魅力的书，本身就是有吸引力的，关键因素之一就是它设置的悬念。每部作品都应该有悬念，利用悬念制造一种吸引人、让人捉摸不透的感觉，让读者不知道后来如何，促使读者继续读下去，追着故事，直到找到答案为止。虽然不断有小问题出现，并陆续得到答案，但这些小问题背后有一个通篇待解决的问题，这个问题始终牵动着读者的心，它的答案要留到最后时刻才能揭晓。比如，《红楼梦》中以贾宝玉和林黛玉的爱情故事走向作为悬念，他们之间的爱情最终会圆满吗？《西游记》以唐僧师徒四人去西天取经能否取得成功作为悬念，他们能取到真经吗？《水浒传》以水泊梁山 108 位好汉的最终命运和结局勾起读者不断阅读的欲望。这些悬念最终指向的结局只有到最后一刻才能知晓。

美国作家奥斯本的小说《冰原上的剑齿虎》中，主人公杰克、安妮和小豆豆在树屋里看到了一本神奇的书，树屋带着他们来到另外一个世纪，他们必须完成“神奇树屋”中魔法书给出的任务，并找到那本能带他们回家的书，才能结束这次魔法旅行。树屋带他们来到了冰河时期，他们在那里闯进冰河时代大洞熊的家；遇到剑齿虎；掉进陷阱；被戴着猫头鹰面罩的巫师解救；结识猛犸象；利用猛犸象击退剑齿虎……主人公每向目标迈进一步，都面临着生死攸关的危险，这就让读者一直保持高度的紧张。不过，主人公在大多数场景中都受到挫败，没有找到那本可以带他们回家的神奇的书。四周寒冷刺骨，还有大小动物通吃的剑齿虎，这一切构成了实现目标的障碍。在各种环境中，人物感受到内心激烈的斗争，担忧、生气、焦虑、关切等，但都指向一个具体的问题，就是如何找到那本可以带他们回家的神奇的书。

来看两位小作者的例子。曲明赫同学在《十二星座之荒岛生存记》开篇就写了十二星座的姐妹们在航海旅行中遭遇大风暴，乘救生艇逃难到一个荒岛。她们在荒岛上遇到各种各样的生存挑战，问题不断得到解决，但通篇都有一个需要解决的问题：回到人类文明世界。这个问题一直贯穿着整个故事，让读者追着故事去寻找答案，跟随人物惊心动魄的遭遇去历险。后来怎么样了？遇到什么困难？她们能否回到人类世界？悬念牢牢地抓住读者的心，将读者的胃口吊得十足，让读者在内心深处不停追问：后来怎么样了？

史若兰和周靖涵同学在《宠物日记》中设置了一个贯穿全书的悬念。贵妇犬菲娜生活在一个幸福的家庭里，主人是一个小学生，非常喜欢她。但是有一天，她的主人开始不开心了，因为主人的包包丢失了，包里不光有500元钱，还有主人的银行卡和收录着菲娜与主人所有记忆的相册。看到主人非常伤心，菲娜决定帮主人寻找丢失的包包。于是，整本书围绕着菲娜寻找包包的经历展开。

一部作品贯穿始终的悬念就像开启一本书的金钥匙，将读者浓浓的探求欲激起，令他们不读不快，这可是一部好作品的必备要素！

实战小练笔

在一座魔法城堡里，有一位美丽的公主，她被女巫诅咒，已经沉睡千年。在一条通往魔法城堡的路上，有一个独木桥，由神秘的史前巨兽把守。这个怪兽有什么特质、用什么武器、长什么样子，没人知道，因为见过它的人都再也没有回来。请你设置一个悬念，让你的作品通篇围绕着这个悬念展开。记住，一定要牢牢地吊起读者胃口哦！

别急，别急，休息！休息！

在讲故事的高潮处休息一下，可是一个非常高明的小窍门！这个窍门你知道吗?

为了让故事如同龙卷风一般具有吸引力，形成波澜起伏之势，吸引更多的读者阅读，最好让情节和人物的命运在发展到一定阶段时就有意悬置、延宕下来，等后面的事情交代完再继续讲故事，这样的设置能引起读者对情节和人物命运的极度关心，从而增强故事的吸引力。

一件坏事已经发生了

当一件坏事已经发生时，我们可以中断叙述暗示后面有事情发生。前面我们讲到《草船借箭》的故事，周瑜让诸葛亮在三天内造出十万支箭来。按常理说，这是无论如何也完成不了的任务。仅仅是完成不了也没关系，关键是立下了三天必须完成的军令状，这件坏事发生了。难道诸葛亮中了圈套，要被周瑜设计陷害了？故事就此打住，对诸葛亮如何造箭并不讲述，使情节在一张一弛中形成波澜，令读者产生了极大的焦虑和阅读期待，可谓扣人心弦。

一件坏事即将发生

在坏事马上就要发生的紧张时刻，读者都非常想知道这个困境将如何得到摆脱，此时，一个简单的中断可以制造悬念，提升故事的紧张感。

在当年明月的《明朝那些事》中，提到朱元璋和陈友谅大战在即，朱元璋下定决心说："你不用再说了，我决心已下，必取庐州！"

"出征！"

与此同时，被朱元璋认为毫无见识的陈友谅正在他的行宫里，最后一次打量着他的王宫。在他身后，站着汉军的所有高级将领。

他一刻也没有闲着，在这里的几十个日夜里，他已经动员了这个最强大战争机器里所有的潜力，组成了六十万大军，将乘着无敌的战舰，对朱元璋发起最后的攻击！再也不用忍耐了，朱元璋，你的末日到了！

他端起了酒碗，对着他的将领们说出了最后的话："此次出征，我军空国而攻，是取不留后路、破釜沉舟之意！此战有进无退，有生无死！荡平朱逆，只在一役，天下必为我大汉所有！"

他一饮而尽，将酒碗碎之于地。

"出征！"

两支军队，从不同起点、向着不同的目标出征了，但他们终将到达那宿命中的战场，迎接最后的决战！①

此时，已经到达矛盾冲突的关键时刻，但作者突然中断叙述两军如何交战，笔锋一转，开始描写朱元璋的亲侄子朱文正——一个有用的坏人。

读者必然想要探究两军交战的结果如何：到底是朱元璋技高一筹还是陈友谅决胜千里，他们又是如何交战的，用的哪些大将，采用的什么兵法，这场战役的后果是什么。所谓一石激起千层浪，在关键点的恰到好处的中断使得故事悬念迭起，引人入胜。

马兰欣、周靖涵两位同学在写《梦镜晴空》的时候，也用到了这种方法。她们是这样写的：

晴雨戴着面纱，走在枭城繁华热闹的街市上，觉得一切都是那么新奇有趣，毕竟以往她坐着马车路过这里时，都从来没有人敢抬头看的。这时，不远处一辆印着夜家标记的马车被天马拉着飞过天空，正在逛街的居民们急忙四处逃散。晴雨知道，一定是姐姐发现自己不见了，动用家族侍卫寻找自己……正想着的时候，一队侍卫急匆匆地从街上跑过。

① 当年明月．明朝那些事．杭州：浙江人民出版社，2011：113.

故事中的晴雨不喜欢受家族的约束，她想要去世界各地看看，要做自己喜欢的事，可是在繁华的街市上却看到侍卫在寻找她。读者可以感觉到，她马上就要被侍卫发现。那么被发现了吗？作者让我们等待，因为故事到这里就戛然而止了。

一件坏事可能马上就要发生

这种情节设置的方法简单实用，让令人同情的人物置身于一种危急存亡的情境之中，读者预感到似乎将有什么坏事情呼之欲出，这件坏事一旦发生，势必影响主人公的前途命运。

《水浒传》第十回的“风雪山神庙”中，随着一个军官打扮的人闪入李小二的酒店，针对林冲的第四个圈套已经展开。但此时他本人毫不知情，后来从李小二嘴里听来的消息也是零碎、断续的。在这个过程中，读者所得到的信息，与处于圈套中心的林冲保持一致，阅读者的好奇心被成功激发；又因为不知道阴谋将在何时、以何种方式实施，所以便更加紧张地期待后续的发展：

> 只见那个人将出一两银子与小二道：“且收放柜上，取三四瓶好酒来。客到时，果品酒馔只顾将来，不必要问。”李小二道：“官人请甚客？”那人道：“烦你与我去营里请管营、差拨两个来说话。问时，你只说有个官人请说话，商议些事务。专等，专等。”……
>
> …………
>
> 小二哥请林冲到里面坐下，说道：“却才有个东京来的尴尬人，在我这里请管营、差拨吃了半日酒。差拨口里讷出高太尉三个字来。小人心下疑，又着浑家听了一个时辰，他却交头接耳说话，都不听得。临了，只见差拨口里应道：‘都在我两个身上，好歹要结果了他。’那两个把一包金银递与管营、差拨，又吃一回酒，各自散了。不知甚么样人。”

使用这样的方法时，要让故事保有不确定性，读者不知道下面会发生什么事情，隐隐知晓一件坏事可能马上就要发生。这种设定本身就是一种悬念。

马兰欣、周靖涵同学在《梦镜晴空》中写到一个紫色印记，就很好地制造出一种紧张感：

> 似乎过了许久，又似乎只是过了几秒钟，晴雨的手动了一下，她坐了下来，甩了甩头，早已不记得刚才发生了什么，更不知道，就在刚才，她的额头上出现了一个紫月印记，又慢慢消失。不过，这奇怪的一切，没有人看到。

这种方法就是，在矛盾冲突的关键时刻，就像说评书的结尾语“欲知后事如何，且听下回分解”这般打断叙述线索，但下一回又不紧承上一回，而是插入议论或补叙。有的作品有两条或两条以上的情节线，往往在一条情节线发展到高潮处时突然打住，又叙述起第二条的情节线来。一般来说，越简单的故事中断得越少，越复杂的故事中断得越多。而这种中断，如果出现在情节发展的关键时刻，就能形成悬念。

悬念是作家的好朋友。在写故事的时候，每一个章节都可以给读者留下一点悬念，而不让读者太容易就得到答案。给读者这种不确定性，能让读者继续追随作品，使他们在破译悬念的过程中，经历一次又一次畅快的精神游历。

实战小练笔

现在该你啦，在你写过的故事情节中选择一个矛盾冲突的关键点，放慢叙事节奏，设置悬念，让故事像坐过山车般刺激。

嘘！提前透露一个小秘密

如果一件事情你已经提前知晓答案了，而这个答案却匪夷所思，不符合正常逻辑，那么你一定很想知道原因。这是一种特别有效的设置悬念的方法，对于初学创作的同学来说，用起来比较简单顺手。其秘诀就是提前透露故事后面的情节，或者透露故事的结局，让读者对于为什么会出现这样的结果产生强烈的好奇心，让他们脑中发出声音，提示他们继续阅读、探寻秘密，寻找问题的答案。

比如，让先知或者预言家预言人物的命运，把故事中最奇特的内容提前说破，从而引起读者强烈的好奇，促使其一气读完全文，看看故事结局是不是真如预言家所言。

有这样一个故事：

远古时代，天地浑然一体，创始之初，一位神仙来到人间，看到万物晦暗，天地混沌不分，于是用自己的神力将天地分开，但天空中传来一个声音：

“你必将为你今天的所作所为付出代价，你将会成为祭天的人，永远脱离神位”。

随着情节的发展，读者心中一直追寻着这个声音主人的神秘身份，这一句“你必将为你今天的所作所为付出代价”的预示也制造了悬念，让人想知道这位神仙会遇到什么危险。为什么会祭天？怎么永远脱离神位？这些都成为悬念的重要组成部分。

又如，某个故事中突然出现这样一句话：

小米牵着小狗去公园里玩，没想到这次游玩竟使小米永远失去了妈妈。

读者读到这里一定会产生疑问：小米遇到什么事情了？小米的妈妈怎么了？小米为什么永远失去了妈妈？这样的安排引起读者对故事情节的发展和人物命运的极大关切，想要快速探求事情的真相。

在创作时提前让读者知道结果，能够激起读者的好奇心，吸引他们继续阅读。

实战小练笔

故事设置：很久很久以前，凤凰只是一只很不起眼的小鸟，羽毛也很平常，丝毫不像传说中那般光彩夺目。但它有一个优点：它很勤劳，不像别的鸟那样吃饱了就知道玩。它从早到晚忙个不停，将别的鸟扔掉的果实都一颗一颗捡起来，收藏在洞里。请你设置一个让凤凰成为鸟中之王的悬念，将结果提前告诉读者，要让悬念迭起。

奇趣连连碰——反常之事必有玄机

我们可以设计一些极其不可思议的人或事，比如：妈妈本来好端端的，突然每天半夜开始学狼叫；上课时，同桌竟然飞到天花板上去睡觉，等等。用这些离奇的人或事来制造悬念。

反常生活情境

我们在故事中，可以着力描写与人们日常熟悉的真实生活不相符的情境。比如，爱丁堡学校是Z国最好的私立学校，校规规定每周一早晨升旗，全校穿校服。这一天，爱丽丝来到学校，发现所有的同学都没穿校服，她问大家原因，大家都告诉她：今天不是星期一啊。这对于爱丽丝来说就是反常情境。作品中人物的反常表现或事件(现象)，都能构成反常情境。反常情境通常是最能引起注意的，一旦出现，人们关注的焦点便是这些反常情境出现的原因了。如果在突出反常情境之后先不道破原因，就会使这个原因一直都不明晰，从而形成悬念。

正常人物与反常人物

即运用人物的反常表现来形成悬念，既可以是正常人物，也可以是反常人物。对于正常人物，要突出其反常态的表现。对于反常人物，要突出其正常的表现。

比如，公天堑是学校篮球队队长，他的篮球技术极其高超。每次学校举行篮球比赛，天堑都是篮球队的灵魂人物，一定要参加比赛。可他突然请求不参加本次比赛，并且无论教练和队友如何央求都不回应，坚持自己的决定。

再如，魔法学院的土星班里一个叫杰瑞的男生，平时学习不认真，上课从来不回答问题，总趴在桌子上睡觉，没认真完成过作业，多次被老师批评，仍然没有改观。突然有一天，他开始认真完成作业，上课时经常可以看到他高高举起的手，他也再没有趴在桌子上睡觉的迹象，而且在期末考试中取得了全班第一名的好成绩。

这两个小例子都背离了人物自身的常态。读者必然会在内心画一个大大的问号：到底是什么情况？发生什么事情了？

超自然现象

超自然现象，即在自然界无法见到同时无法用通常手段证实的力量或现象。超自然是不存在的，一旦被证实，就不再是超自然了。

看一看这个故事：大白是一台智能机器人，它熟悉人类的各种要求，并能依据要求完成指定任务，可以说是人类最贴心的好友。但由于大白仅仅是一台机器人，所以它缺乏人类的情感。有一天，它和主人乐乐一起去公园游玩时，乐乐被一只外星狗咬伤。大白想尽了办法来解救乐乐，但仍旧无济于事，大白伤心地流出了蓝色的眼泪（这样原本没有情感的机器人突然萌发了人类的情感，而且能流出蓝色的眼泪）。它摇晃主人的身体时，眼泪不小心滴到乐乐的伤口上……突然，蓝色的眼泪在伤口上方结成透明的晶体，渗透进乐乐的血液中……慢慢地，乐乐眼皮动了动——乐乐醒了。

大白是机器人，是没有人类情感的，但它却流出了蓝色的眼泪，这一切背离了机器人的常态，引起读者的兴趣：难道机器人可以有人类的情感了？且眼泪竟然暗藏秘密，能解毒，使人起死回生，那眼泪里还有什么秘密呢？它身上还有哪些人类不知晓的东西？这些问题悬而未决，形成悬念。

实战小练笔

有一天醒来，你发现自己和猫的灵魂互换了，你变成一只猫，猫变成了你。周围环境中的主人和宠物都互换了吗？所有的猫都变成人类了吗？是什么原因造成的？请在此基础上设置几个更加反常的现象，让它们环环相扣，形成悬念。

冲突进阶，悬而未决

在创作中，我们可以为主人公设计一个与之对立的反面人物，这个人物让主人公不断陷入困境。这也是设置矛盾冲突最常见的一种方式。写作时，要注意突出反面人物对正面人物的威胁，只有旗鼓相当的对手，才能与主人公产生激烈的矛盾冲突，推动情节不断发展。而且，我们还要让主人公不断陷入困境，让冲突进阶，令读者一边担心一边读下去：主人公怎么样了？能否摆脱困境？但问题始终悬而未决。

《三国演义》中的矛盾冲突就比较明显，曹操对刘备的威胁一直贯穿始终，三国鼎立的局面明显处于悬而未决的状态，这就牵动读者的心理——想知道到底哪个国家能成为最后的霸主？它是如何取胜的？另外两个国家是如何被消灭的？读者时时处于悬念之中，不管愿意不愿意，他的兴趣都驱使着他继续读下去。

在矛盾冲突显现的过程中，可以凸显或隐藏冲突双方之一的信息。这样对冲突双方力量对比的实际情况严格保密，会使矛盾冲突神秘莫测、难以预料，最终结果也会越发受到读者的关注。

在《西游记》中，有这样一个画面让人印象深刻：孙悟空大闹天宫以后，玉皇大帝派了许多天兵天将都捉拿不了他。这时，整个天庭乱成一锅粥。玉皇大帝趴在桌子下面大喊："快去请如来佛祖！"到底如来佛祖是一个什么样的厉害角色呢？文中不再交代，隐没了如来佛祖的信息，使得如来佛祖的法力神秘莫测，让人无从知晓。这就在作品中形成了一种悬而未决的状态，让故事情节波澜暗生、悬念四起。

比如我们要创作一个主题为"地球魔兽"的故事，凸显主人公变形金刚的能力：它可以抵御许多外来侵犯，保护地球，可以说是地球卫士。但在地球的地心居住着一个地球魔兽，它拥有宇宙间最强大的力量，被造物者封印在地心。一个石油勘探队在开采石油的时候解封了地球魔兽的封印，变形金刚要与这个地球魔兽斗争。但地球魔兽究竟有多大能量，始终是个未知数。这使矛盾冲突的一方带有神秘色彩，形成悬念。读者迫切地想要知道结果，便想追着作品往下读。

实战小练笔

深海研究者们在海底发现了一种奇怪的生物，这种生物同时具有动物和植物的特征：在这种生物身上，既长着眼睛，又长着植物一样的蔓藤。这种生物警觉地观察着潜水钟里的科学家。请你继续讲述这个故事，不断激化矛盾冲突，让主人公陷入各种困境。

放慢节奏，设置悬念

我们可以有意放慢叙事的进程，使矛盾冲突带来的结果呈现出一种明显的悬而未决的状态。这也是制造悬念的小魔法。

阅读时，我们常常会有这样的体验：在恐怖时刻总是感觉时间过得慢，各种体验都充斥我们的感官，我们可以预感到马上要发生大事情了，因而对后面要发生的故事充满了期待。这是故事中矛盾冲突发展的关键地方，是故事的高潮之处。这样做，实际上相当于延长并放大了事态之“急”，从而使矛盾冲突的结果处于明显的悬而未决状态，因此形成悬念。如《聊斋志异》的《西湖主》这一篇，大祸临头的陈生不仅突然被王妃设宴招待，还娶到梦寐以求的公主。这不仅令陈生摸不着头脑，就连读者也是如坠云雾之中。直到他与公主成婚之日，谜底才揭晓，原来王妃当年游西湖受伤，多亏陈生相救，王妃感激不尽，现在要报答前恩。作者就是采用“急事用缓笔”的手法，在故事情节达到高潮时有意放慢速度，延长读者的紧张心理，以保持读者阅读时的紧张感，并在不经意间揭开悬念，造成强烈的情感反差，营造出“偶见鹘突，知复非人”的艺术效果。

我的学生王赛罕娜和艾小米两位同学合写了故事《战斗游戏》，其中有一段是这样写的：

梦境总是把白潮弄得很害怕、很疲惫。满是消毒液的白色病房内，瘦弱的身体披着单薄的病服，瑟瑟发抖地蜷缩着，蹲坐在房间的角落里。这就是白潮梦中的自己。地板上一片狼藉，水果皮、碎玻璃碴还有各种各样的物件都从阴暗的角落掉出，他仿佛在这里看到了世界的阴暗，这就是他们要拯救的……过了片刻，梦中的他嘲讽地轻轻一笑。“这，就是所谓的黑暗？也不过如此吧……”

脑海中传来阵阵痛意，他眼神慌乱，手扶在脑部。人世间的黑暗模样令人忍不住嘲笑，虽然很强大，但又那么弱小。现实中的白潮不甘示弱地抓紧被子，可依旧沉入梦中……

白潮好似醒了过来，阳光照耀着寂静的清晨。他发现，四周都是镜子，镜中照着自己无数副可怕的面容。他满脸惊恐地看着自己，摸着自己的脸，“不不不，我不可能是这样的，这一定还是个梦。”他念道。说完，便稍微镇定了些。一下子，他坐到了冰凉的地板上，捂住耳朵、闭上眼睛，依然很害怕，使劲地摇晃着脑袋，口中拼命呐喊“这不是真的！”他挥动着双臂想要毁灭镜中的自己，因为他知道，梦中的自己，就是自己内心最深处的一面。他始终没有想到，自己是那么的可怕。白潮暗暗下定决心，一定要把黑暗毁灭，把自己内心中的黑暗打倒……突然，一个人出现在他的面前，说道：“梦啊梦，终究是不是梦，反正已经沉睡在其中，那你就继续睡下去，别消灭黑暗了，别醒了，梦中才是最好的归宿……”

故事的每一个字都紧紧地抓住读者的心，甚至令读者在阅读时不敢大声呼吸，恐怕惊扰了梦中的主人公。其实，这时主人公只要醒来就知道自己是在梦中了。为了描写当时的紧张状态，制造恐怖气氛，作者有意地将叙事的节奏放慢，对当时梦中的感受进行细致的刻画。可能梦中事件的发生只是一秒钟的事情，但叙述时用精巧细致的笔触将它在人的脑海里定格、延长，这实际上就是放慢事件，就像电影的慢镜头一样。这个梦的画面持续着，悬而未决，吸引了读者的注意力和好奇心：究竟白潮是在梦中还是现实中？他会不会从此沉浸在梦中无法自拔？这种扩大恐怖效果的方法，可以在处理情感、恐怖心理、人物行动等时使用，将故事的张力凸显出来。

实战小练笔

遥远的冰雪王国有一个英俊的王子，他生来便拥有读心的能力。在他刚出生的时候，国王就给他定下了一门亲事，对方是神族的公主。后来，神族被魔族消灭了，那位公主也失踪了。王子一直在到处寻找他的公主，但唯独对他心爱的公主无法使用读心这项本领。请你刻画一个王子与公主相见的场面，将叙事的节奏放慢，对王子面对公主无法使用读心术时的感受进行细致的刻画，使文字的张力凸显出来。

我的作品

1. 悬念设置是故事创作的重要一环，是使作品具有吸引力的超强魔法。现在，请为你的作品选定一个贯穿始终的悬念，让问题始终悬而未决。这个贯穿始终的悬念要在最恰当的高潮或者结尾处揭晓。

2. 在创作故事的过程中不断设置悬念，可以采用本章讲到的常用的设置悬念的方法来创作，并设想好破解的方法和揭示玄机的时间。你也可以自己随机设置悬念，或者在破解悬念的同时设置新的悬念，让悬念环环相扣，使故事情节更加紧凑、引人入胜。

第十三章
文学作品的声音

叮咚！
什么声音？
精彩的对白，
不吐不快！

叮咚！
什么声音？
人物的内心，
不抒不发！

故事中最有意思的声音要数人物的精彩对白了。那些萦绕在你脑中的人物，不但性格迥异，说话的方式也各具特色。那些流淌在字里行间的声音，有些是能听到的，有些则要用心体味才能感触到。要使你的人物与众不同、魅力超群，就要赋予他们个性化的语言，创造一种符合他们精神气质的专属语言代码。

一口一语界，一人一话风

每个人都有自己的语言风格，或幽默风趣，或犀利刁钻，或搞怪耍宝……故事中的人物也是如此。人物对白和我们口语中的对话看起来相似，但作用可不仅仅是传递彼此之间的信息、互通有无。它还可以塑造角色独特的性格特征，带出潜台词，营造故事场景，推动故事发展，甚至为后面的情节埋下伏笔和悬念等。因此，故事中的每一个人物都要有自己的语言风格，要符合其性格特点，就像一个性格内向的人不可能活蹦乱跳地说出一箩筐的对白，要注意一口一语界、一人一话风。

就像《水浒传》中的英雄，每一个都是个性鲜明的好汉。又比如《三国演义》中的张飞，性格豪爽、粗犷勇猛，语言个性极其鲜明，多快言快语，通俗流畅，比较口语化，有强大的英雄气场：

> 只见玄德背后转出张飞，高声大叫："俺哥哥斩了华雄，不就这里杀入关去，活拿董卓，更待何时！"

还有大战长坂坡时，张飞面对曹操大军，怒目横矛，立马桥上，厉声大喝："我乃燕人张翼德也！谁敢与我决一死战？"直接吓退曹兵。

马兰欣、周靖涵同学在《梦镜晴空》中，通过依然和依雯的对话，将两人的性格诠释得详尽透彻，在读者心中清晰地刻画了一组人物性格形象：

> 僻静的角落里，清冷的月光照亮小小的一块平地，熟悉的声音响起，带

着无法掩饰的怒火："你……"

"依雯……你居然……"依雯？晴雨猛然听见这个平日里最禁忌的词语，吓了一跳，脚不小心碰到了一颗石子，石子发出咯吱的响声，在安静的夜晚中有些突兀。

"我？我怎么了？不要忘了我们都是考上来的穷学生，能得到学院的基金支持已经很不错了，还想着攀什么高枝？就算你想做一个受欢迎的人，也没有必要把我踩在脚底下当你的垫脚石呀！"依雯愤愤地说。

依然一脸不屑，"哼！我们两个之间有一个成功就已经很不错了，一荣俱荣，一损俱损！你这么做，小心断了后路，到时候，你会更难看！"

"为什么呀？为什么成功的只能是你？为什么我只能做一座桥？既然你认为我们两个之间只能够成功一个，那我们还不如就一刀两断！你以后在父亲面前也不用费尽唇舌说什么这都是为我好，我之后也不用顾忌哪些事会对你不利。你走你的阳关道，我过我的独木桥！"

"好，那你以后可没有后悔的机会！"

"我不需要后悔。"

说完，依雯毫不犹豫地转身离开，消失在无边的黑暗中。

故事中的依然看起来温柔善良又富有，其实只是一个靠基金存活的虚伪自私的人，她嫉妒自己的姐姐，为了金钱和人气不惜牺牲姐妹亲情。而受到不公正对待的依雯心里充满了不甘和好胜心。通过她们的对白，读者可以直窥主人公的内心。

我们在写对话的时候，不能简单复制平时闲聊的话语。我们所描述的话语必须是经过精心构思的，要尽量简练，还要有节奏；不要求语法必须正确，但要生动有趣，能真实地反映说话人的特点。在写作中，一定要注意，不同的人物具有不同的语言风格，这种语言风格有其独特性，要同人物的性格、生活经历、身份、职业等相符合。

一般来说，故事中的对话不要写得特别长。在粗略写完一段对话之后，我们可以尝试把对话的开头、结尾或无关紧要的句子删去，看看这样读起来是不是更能给读者留有悬念，说不定，这样表达出的效果比一股脑儿全说出来还要好。

随着情节发展，当人物进行交流时，往往可以发现新的事件，可以直接引用别人说的话。《猫武士之绝地拯救》是我的学生王奕霏、孙墨涵、刘雨涵、韦斯涵、王昭博、马笑宇和张义金五年级时合作创作的故事，根据艾琳·亨特的系列小说《猫武士》创编而成。在这部作品中，火星在和灰白色的猫交流时，发现原来这只猫就是雪爪：

虎鞭来了，那只猫发现了他，显然他们也被火星吓了一跳。火星壮起胆子大喊一声："唉！你是谁？快离开雷族的领地！否则巡逻队有理由以入侵者的名义将你逮捕！"

那只灰白色的猫好像没有听见火星说话似的，把火星从头到尾嗅了一遍，小声地说："雷族，我的故乡……"

为什么那只灰白色的猫会说雷族是他的故乡，他又是谁？他为什么离开了雷族？这里面有怎样的故事？这句话不仅勾起了读者浓厚的兴趣，还推动了故事的发展，也展示出火星的性格。

"新书发布会"上，《猫武士之绝地拯救》创作团队介绍创作历程

实战小练笔

一个男孩性格非常孤僻，尽管他非常喜欢弹吉他和唱歌，却不愿意在其他人面前表演；即使在家人面前，他也无法自如地表演。一次，他的姐姐在他的房间外听到了他的演唱，觉得他非常出色，便耐心开导他，让他敢于走出房间，在家人面前表演。请你设计一组小男孩与姐姐的对白，最终让小男孩通过姐姐的开导，走出房间面对家人进行表演。记得你的对白要符合人物的性格特点哦！

直白太别扭，还是用潜台词吧

我们都会直接表达自己的想法，但是，随着年龄的增长，我们会发现，不是所有的场合都适合直白地表达。在故事创作中，台词的使用也是如此，许多情景中是无法使用直白的语言的，这就要避免直来直去的说话方式，让话语闪烁其词。人物往往不会直接说出实情，可能说出实情对于人物来说太为难，也可能人物要给谁留点面子。

潜台词指的是语言背后的意思。那么，我们如何让读者知道语言背后的意思呢？我们可以让角色不说出他的真正目的，让读者通过角色的表现来体会他的内心想法。当一个人情绪达到最高点时，他可能会极度悲伤或极度兴奋。情绪的表达方式不是唯一的，可以将情绪表现为一连串的动作，甚至不需任何语言，只需几个简单的表情和动作就能表达出主人公内心深处要说的话。

清代作家吴敬梓在《儒林外史》中有一段是这样写的：

到中秋以后，医家都不下药了，把管庄的家人都从乡里叫了上来。病重得一连三天不能说话。晚间挤了一屋的人，桌上点着一盏灯。严监生喉咙里痰响得一进一出，一声不倒一声的，总不得断气，还把手从被单里拿出来，伸着两个指头。大侄子走上前来问道："二叔，你莫不是还有两个亲人不曾见面？"他就把头摇了两三摇。二侄子走上前来问道："二叔，莫不是还有两笔银子在那里，不曾吩咐明白？"他把两眼睁的溜圆，把头又狠狠摇了几摇，越发指得紧了。奶妈抱着哥子插口道："老爷想是因两位舅爷不在眼前，故此记念。"他听了这话，把眼闭着摇头，那手只是指着不动。赵氏慌忙揩揩眼泪，走近上前道："爷，别人说的都不相干，只有我晓得你的意思！你是为那灯盏里点的是两茎灯草，不放心，恐费了油。我如今挑掉一茎就是了。"说罢，忙走去挑掉一茎。众人看严监生时，点一点头，把手垂下，登时就没了气。①

同样是表现吝啬，严监生临死前伸着两个指头，让旁人揣摩了半天才明白：因为担心多用了一茎灯草费油，所以久久难以咽下这口气。一个连自己弥留之际点的灯草用多了都担心得难以闭目的人，可谓吝啬到了极致。假如作者在这一场景中让人物直接告诉家里的人只能点一茎灯草，由此来表现他的吝啬，就不如上面这种方式具有戏剧性和表现力了，这就是潜台词的魅力。

故事里的对白不是对人物对话的简单记录，而应该是经过提炼的对白。一般来说，我们日常对话中有很多没有用的话都是要删除的，这样留给读者思考的空间就大了，潜台词也更加明显。

如果你创设的对白中，人物将自己的感受表达得太直白、太具体，这样的对白可能对读者而言就缺乏吸引力。对白应该给读者一种意犹未尽的感受，所有的情感都蕴藏在字里行间。要知道，人们之间的交流不是简单信息的往返传递，而是寻找彼此情感的认同和共鸣。

吴怡璇同学在《回归荒野》中写道：由于近一段时间农场附近的狼到处偷袭家畜，布毒饵、设圈套都没有用，牧人们伤透了脑筋。这时，凯特宣称，只要带着他的狗去打猎，绝对可以消灭那些狼。于是，大家跟随凯特一起去猎狼。然而，三天过去了，还是一无所获。其中有一段"络腮胡"很生气、老牛仔打圆场的对白，

① 吴敬梓．儒林外史．北京：人民文学出版社，1958：62.

是这样写的：

“哼！你要是敢骗我们，我就‘啪！’”一位酒意渐浓的“络腮胡”按捺不住，“轰”的站起来，用手做了个开枪的动作。空气里弥漫着一股火药味。

凯特脸色一沉。“哈哈，我们凯特可是受过高等教育的人，他可不会为了几条狼坏了自己的名声。”旁边的一位老牛仔出来打圆场。

吴怡璇写老牛仔的话表面上是在给凯特打圆场，实际上他的潜台词是有深意的：一方面告诉“络腮胡”，凯特是不会用他的名誉来开玩笑的；另一方面也是在提醒凯特，如果言而不实，就会名声扫地。这也为后来买安迪做实验做了铺垫。

实战小练笔

在一个贫穷的村庄里，有个小姑娘会施展神奇的魔法，能够帮助村民对抗疾病和饥荒。有人见识了小姑娘的魔法，威胁小姑娘用魔法来满足自己贪婪的私欲，否则就将小姑娘会魔法这件事上报给国王。请你为小姑娘设计一组对话，对话的潜台词是：让恶人放弃他的想法，否则他将遭受所有人的谴责和神的惩罚。

拐着弯说话

许多故事中都有矛盾冲突，大到贯穿全文的矛盾，小到对事情的不同意见。比如，一个男生想要邀请他的朋友参加圣诞晚会，但他的朋友不想去，因为要准备明天的班干部竞选。这个原因又不好明讲——邀请人明天也参加这项选拔。这段对话里面就有两种意志相对抗。那么，作者如何将这个情节展示给读者呢？一种方式是直接将他朋友拒绝的话语说出来。但这样就如同“小葱拌豆腐——一清二白”，缺少了味道，甚至可能会让朋友生气。这时，就可以拐着弯说话。

在《红楼梦》中，黛玉想要了解宝玉对感情的态度，只能反复试探，但又不能明说。因为“金玉之说”曾引起黛玉的误会，宝玉每次都急，有一次干脆摔了那玉。宝玉和黛玉都是大家族教育出来的，不敢多说一句、多行一步，只能拐着弯说。宝玉对黛玉最大胆的表白就是：

宝玉瞅了半天，方说道“你放心”三个字。林黛玉听了，怔了半天，方说道：“我有什么不放心的？我不明白这话。你倒说说怎么放心不放心？”宝玉叹了一口气，问道：“你果不明白这话？难道我素日在你身上的心都用错了？连你的意思若体贴不着，就难怪你天天为我生气了。”林黛玉道：“果然我不明白放心不放心的话。”宝玉点头叹道：“好妹妹，你别哄我。果然不明白这话，不但我素日之意白用了，且连你素日待我之意也都辜负了。你皆因总是不放心的原故，才弄了一身病。但凡宽慰些，这病也不得一日重似一日。”林黛玉听了这话，如轰雷掣电，细细思之，竟比自己肺腑中掏出来的还觉恳切，竟有万句言语，满心要说，只是半个字也不能吐，只管怔怔的望着他。

这里，宝玉为了不让黛玉发脾气，又不“坠入小家之气”，选择了欲语还休的“你放心”三个字。但究竟有什么不放心的话，宝玉始终没有直说，而是通过一系列对话层层推进，拉近了二人之间的关系。

马兰欣、周靖涵同学在《梦镜晴空》中也尝试了这种方法：若溪和若冰不是亲生姐妹，若溪想给妹妹一个下马威，指出妹妹没规矩，并撇清关系，避免日后受到牵连。于是，有了下面的对话：

若溪朝若冰笑出一个若有若无的弧度，转身离开。走了几步，又回过身来：“妹妹这么无法无天，是谁教的？这可不像家族作风，当心以后，别怪姐姐没提醒过你。”

可能平时你是一个说话很直爽的人，不知如何让故事中的人物拐着弯说话。

其实，对白可不是人物随口而出的，这里有一个时间差的奥秘，这样拐着弯来表达，能赋予主人公魅力和妙趣横生的语言情境。那样灵动的画面、暗藏玄机的语言，有时候不禁让人捧腹大笑，又或许让人心有戚戚焉。这恐怕就是拐着弯说话吸引人的妙处。

实战小练笔

在生活中，你是一个足球队员，你们队的一个队友生病了。可是，大战在即，你想邀请一个朋友加入你们团队与外校的足球队比赛，但这个朋友却不想参加。请你巧妙地设计一组对话，记住要拐着弯来说，说服他加入你的团队。

高明的冲突式对话

《红楼梦》第八十三回中有这样一段：

薛姨妈道："你们是怎么着，又这样家翻宅乱起来？这还像个人家儿吗！矮墙浅屋的，难道都不怕亲戚们听见笑话了么。"金桂屋里接声道："我倒怕人笑话呢！只是这里扫帚颠倒竖，也没有主子，也没有奴才，也没有妻，没有妾，是个混帐世界了。我们夏家门子里没见过这样规矩，实在受不得你们家这样委屈了！"

在上面的对话中，薛姨妈对儿媳金桂的责备招致了她的直接言语冒犯。"我们夏家门子里没见过这样规矩"是攻击薛家没规矩，不顾及薛姨妈的面子和身份。这就是一种冲突式对话。

提升对话技巧的选择之一就是加强冲突和张力。当人物不断说"不"时，故事的冲突和戏剧性就得到增强。一个人物越是想要达到一个目的，他遭遇的"不"

式谈话就越使得文学作品的戏剧性得到凸显。那种平淡的谈话一定尽量不要出现，一定要试着制造一点麻烦冲突。

那么，如何撰写冲突式对话呢？你要了解每一个人物在每一个情境之中的想法，他是欢喜、忧虑或者紧张兴奋？把不同想法的人物放到一个场景之中，他们就会形成与其他人物对立的形态，这样的人物之间的对话就会充满冲突。

在 E.B. 怀特的《夏洛的网》[①] 中，威尔伯是一头猪，它越长越大。一只老山羊走进谷仓，看到它并与它有一段对话：

> “你好，”它说，“我觉得你发福了。”
>
> “是的，我想是的，”威尔伯回答说，“在我这个岁数，不断长胖是件好事。”
>
> “不过我不羡慕你，”那老山羊说，“你知道他们为什么让你长胖吗？”
>
> “不知道。”威尔伯说。
>
> “唉，我不想当小广播，”老山羊说，“不过他们让你长胖只为了要杀你，就是这么回事。”
>
> “他们要做什么？”威尔伯尖叫起来。

这段话将威尔伯的忧虑完全展现出来。原本威尔伯感觉自己很幸福，未曾想老山羊揭示了它的未来，让威尔伯意识到作为一头猪长胖后的结局，让读者与它一起陷入深深的忧虑之中。

吴怡璇同学在写《回归荒野》时，写到爸爸打算把安娜从农场接到城里去读书，安娜觉得不高兴，不想去。作者把这段爸爸与安娜的对话写成了冲突式对话，这就把安娜的忧惧表现出来，让故事充满了张力：

> “你六岁了，该上小学了。村里的小学不好，再说，爸爸在城里买了一个房子，比这干净多了。平时，你就在我酒吧后面的小屋里玩就行，还有一个大院子呢！这么算，咱有两套大房子呢！”爸爸自豪地说道。

---

① 怀特．夏洛的网．任溶溶，译．上海：上海译文出版社，2004：49.

“我舍不得农场。”

“农场有爷爷，你每年都能回来看看。再说，你该上学了！”爸爸提高嗓门喊道。

“我要和爷爷在一起！”安娜哭着喊道。

“你必须上学！”爸爸把她举起来放在车里。

“我要回家！”安娜嚷嚷道。

但，车已经开动了。

文学作品里的声音，有些是信口而来，有些是欲言又止，有些是通过潜意识的动作来表现人物的心理；还有些是微言大义，有些是快人快语。不同的方式表现出来的效果也有所不同，这是一种很棒的写作体验。

实战小练笔

一些地质学家来到了一座小岛上。这座小岛位于一个非常活跃的地震带上，并因此而闻名于世。岛上的居民很久以前就搬离了，地质学家却认为这是一个进行地震研究和监测最理想的地方。请你设计一组冲突式对白，通过地质学家与小岛的原住民之间的对白传递信息，来推动后面地质学家坚决进岛的决定。

肚子里的悄悄话，你知道吗？

（小说）我要先让人开怀大笑，然后回过头去让人以恐惧的心理回顾他们所笑过的一切。

——约瑟夫·海勒

表现人物的心理活动可是一个大难题，需要你使尽浑身解数，采用各种绝世神功来攻克它。

这里有一个小魔法，就是通过人物肚子里的悄悄话，让读者阅读后寻找这种潜在的内心语言，拨开云雾，了解人物的所思所想。这种内心的语言经常通过细节表现出来。

《三国演义》中有一段“煮酒论英雄”，可以很明显地感受到这种“肚子里的悄悄话”：

> 操曰：“夫英雄者，胸怀大志，腹有良谋，有包藏宇宙之机，吞吐天地之志者也。”玄德曰：“谁能当之？”操以手指玄德，后自指，曰：“今天下英雄，惟使君与操耳！”玄德闻言，吃了一惊，手中所执匙箸，不觉落于地下。

从刘备的筷子和勺子都掉到了地上这一点可以看出，当时的刘备寄人篱下，生怕自己被曹操看出破绽，竭力掩盖自己内心的恐慌。

这种心理活动写起来并不难，就是不说破人物内心的感受，而是让别人看到人物的各种表现，体察人物的内心，探寻故事的发展轨迹。这样的写法读起来别有趣味，意蕴盎然。

曲明赫同学在《十二星座之荒岛生存记》中，写到主人公们遭遇了海上大风暴，将人物的内心活动通过动作、神态以及心理描写表现出来，读来很有意思：

> ……雨点大滴大滴地从昏暗的空中落下，重重地拍在甲板上，发出震耳欲聋的响声，仿佛要将甲板砸穿一般。小船不停地剧烈晃动着，犹如风口浪尖的一片树叶，随时都可能被海水吞没。海面上巨浪滔天，每一个浪头都足以置她们于死地。十二星座姐妹们紧紧地抱在一起，蜷缩在一个角落里。胆小的双鱼浑身发抖地望着舷窗外滔天的巨浪：怎么办？这片海好远好恐怖，什么时候才能离开这里啊！为什么要出来！早知道我才不出来呢！呜呜，我不要……这时又一个浪打过来，打破了舷窗，咸咸的水珠溅到双鱼的脸上，吓了双鱼一大跳，她不禁哭了出来：“呜呜，我好害怕，我不要死……”就

连平时一向胆大的狮子也不安起来：这片水域什么时候才能消失呢？这什么时候才是个头啊？怎样才能离开呢？……十二星座姐妹们互相小声地安慰着，可身体却控制不住地颤抖。突然一声巨响，她们慌忙跑出了船舱……

我们若想使自己笔下的人物更具魅力，拥有丰富的内心语言，还可以考虑给人物设计一些矛盾性。这种矛盾性能使人物形象更加丰满立体、有吸引力。

实战小练笔

安迪是一只孱弱的小狼，因为人类猎杀而失去了自己的兄弟姐妹，失去了原本快乐的荒野生活。这样一只弱小的狼被人类领养了，它受到了许多不公正的待遇，可它又是幸运的，因为它遇到了新主人安娜。安娜温柔地照顾着小狼，这一狼一人幸福地生活着。可是，安娜的爸爸趁着安娜上学时，把安迪送到猎狗训练场，让猎狗捕杀安迪。在一群猎狗的追杀下，安迪奄奄一息。这时，安娜及时赶到了。

（1）请你直抒胸臆，正面描写安娜的内心语言。

（2）请你用多种方式来表达安迪的内心语言。

概述性语言的巧妙运用

我们可能写着写着，感觉有些部分读者只需快速了解主要内容即可，不必在此处浓墨重彩，此时就可以用到概述性语言。此外，当一个人物要将前面章节中读者已经知道的事情告诉另外一个人时，或者对话太长、缺乏趣味而读者又早已知晓其中的详细情节时，也可以用到概述性语言。

概述性语言不是想什么时候用都可以的，要用得恰到好处。它能使故事更加紧凑、情节更加精练，给读者留有想象的空间，使读者获得言有尽而意无穷的阅读体验。

比如，在侦探破案类作品中，读者最大的兴趣就是追随侦探的脚步去寻找线索。如果侦探直接用概述性语言把一切告诉了读者，那就实在太让读者失望了。就像这样：

接着，摩尔侦探开始了他的侦破之旅。一个月后，摩尔侦探将他利用一个月的时间寻找的线索讲给警察听，他还告诉警察他的推断：这件事情是一个神偷做的。

如果你是读者，看到这样的描述，内心一定会极为生气：我想看的是这个吗？这样的文字等于直接把结果告诉了读者，那读者读了前面那么多内容还有什么意义？作者也太小气了，竟然没有将如何破案的过程告诉读者！他们也想有一次破获大案的体验啊！

所以，概述性语言要用到读者的心坎里，既要激起读者对阅读下文的兴趣，又要勾起读者对前面故事的追忆，给他们留有想象的空间。来看一段《西游记》中的描写：

孙悟空在取经路上打死了来追杀他们的贼人。唐僧念紧箍咒，紧箍陷入肉里有一寸多深浅，大圣反复求饶，唐僧怒气难消，依旧狂念紧箍咒。

大圣疼痛难忍，见师父更不回心，没奈何，只得驾筋斗云去找观音菩萨。不消一个时辰，早至南洋大海。望见菩萨，悟空倒身下拜，忍不住放声大哭，将那打杀草寇被师父驱逐前后始终细陈了一遍。

菩萨道："你那师父顷刻之际，就有伤身之难，不久便来寻你。你只需留在此处，待我与唐僧说，让他还同你去。"

这里，吴承恩并没有把当时的前因后果再重新赘述一遍，而且这部分内容读者已经从前文知晓。一句"将那打杀草寇被师父驱逐前后始终细陈了一遍"即概括完毕。读者迫切想知道的是接下来观音菩萨要如何帮助孙悟空，这样读起来才畅快，而对早已知晓的事情没有再读下去的兴趣。

曲明赫同学在《十二星座之荒岛生存记》中，写到十二星座的姐妹们在海上航行遇到了海难，她们跳到救生船上，克服了许多困难，经历了多日的漂泊后，发现了远处一个绿油油的地方。作者在这里使用了一句概述性语言，就很恰当：

那是一个小岛！十二星座姐妹们顿时勇气倍增，努力朝小岛驶去。

使用概述性语言时要审时度势，用得巧妙的话，往往有巧夺天工之效，同时对细节也是一种很好的补充。

实战小练笔

亿万富翁的所有家人在数十年前被一群激进分子带走了。现在，亿万富翁公开招募赏金猎人，悬赏一亿美元请人潜入敌方组织内部，找到他的亲人，逮捕这群激进分子。

请你通过亿万富翁的秘书之口，向刊登悬赏消息的广告商概述数十年前发生的事情。

我的作品

1. 请为你故事中的每一个人物设计一种专属的语言风格，可以有口头禅。每一个人物都要有自己的语言风格，要符合其性格特点，就像一个性格内向的人不可能活蹦乱跳地说出一箩筐的对白，要注意一口一语界、一人一话风。

人物（　　　　　）语言特点：

口头禅：

人物（　　　　）语言特点： 口头禅：
人物（　　　　）语言特点： 口头禅：
人物（　　　　）语言特点： 口头禅：

2. 为你的故事情节设计对白，将人物、事件聚焦到对话上，用对白来塑造人物的性格特征。根据需要，在有些场景中设计冲突式对白，在有些场景中通过潜台词表达，在有些场景中表现人物的内心，通过故事里的声音营造画面，推动故事发展，为后面的情节埋下伏笔和悬念。下面开始写吧！

第十四章 魔法技巧篇

魔法加持，

神笔再现，

我就是这个写作世界的主宰！

游戏的世界？

网络的世界？

二次元的世界？

No！ No！ No！

我的魔法世界！

魔法技巧第一式——用动作替代修饰副词

这样的填充词语游戏，你一定很拿手：

（　　　　　　）地练功
（　　　　　　）地做饭
（　　　　　　）地学习
（　　　　　　）地工作

我们对此类文字游戏乐此不疲，因为从小就开始做这一类练习题。在写故事时，我们也会无意识地做文字填充游戏，但注意这在文学创作中可是大忌。

请看一位同学写的挖红薯的画面：

这个红薯特别大，马克使出了浑身解数也没有拔动它。他努力地挖啊挖，终于将它挖出来了。他高兴得一蹦三尺高。

文中用“努力地”将所有挖的过程概括下来，可是，这个过程正是读者特别关心又想知道的，作者却都给概括讲述了。具体如何挖的，读者完全无法从字里行间得悉，缺少画面感和真实的动作体验。读者在阅读中就是想要获得如同身临其境的感受。这样云里雾里地一带而过，读起来又有什么意思呢？

我们在写作时，除非故事发展需要进行概述性描述，否则要尽量用动作来替代修饰副词。主人公是否努力，要让读者通过文字自己分析出来。千万别小看画面中的动作描写，这是文学创作中的大技能。对于上面的例子，我们可以这样做：

1. 将努力的过程变成一连串的动作：

看、握、挖、躬、踩、拔

2. 再将各个动作按动作顺序分割成慢镜头：

（1）双眼看红薯——如何看？锁定红薯，紧紧地盯着，甚至让眼中映出红薯硕大的身影。

（2）手握铲刀——如何握？手指头如何把握铲刀的刀柄？

（3）挖的动作——有手、脚、眼等各部位的全力配合。

（4）身子半躬。

（5）双脚用力踩——如何用力踩？双脚分开，脚掌用力地扒住脚下的地面，如同脚下扎了根，伸向土地深处。

（6）拔的动作——双手牢牢握住红薯，慢慢往上拔。

3. 把一个动作分割成几个镜头，就像电影的慢动作一样，一帧一帧地在脑中放映，再落于笔尖。永远不要写大块大块厚重的段落。

如果想向读者呈现有趣的视觉画面，首先要思考如何使用视觉语言把画面中的动作清楚地描述出来。

你可以尝试先将画面画下来，再把剧情用文字串联在图纸上。画面的内容可以很随意，只要能表现出你所要表达的情节就好。记录一系列的情节画面，然后找到其中一个核心的画面，把这个场景的剧情讲出来。如果你做好了这一步，那么这个场景就会自然而然地呈现在读者面前。

手部画面　　　　眼睛画面

身体画面　　　　双脚画面

接下来，你可以尝试把表示动作的词挑选出来，看能否改进这些动词，增加它们的力度和视觉效果：

跨、蹲、抱、挂、蹦、跳、坐、扫、提、搬、挑、抬、捕、捉、抓、抽、挖、摘、取、拴、踏、掏、刨、掘

紧紧地握住、深深地吸气、轻轻地叹息、心怦怦地跳、慢慢地蹲下来、微微地抬头

用力地挖、辛苦地挖、热火朝天地挖、小心谨慎地挖、小心翼翼地挖、不断地挖

再将每一个动作细化成画面中的内容。现在，我们可以试着改成如下文字：

马克手用力地握着铲刀的刀柄，左手在前，右手在后，十根指头并拢，蓄势待发。他将铲刀的刀尖铲向红薯周围 5 厘米左右的地方，顺着根的方向向下用力地铲出一锹土，红薯仍旧纹丝不动——根扎得太深了。马克再次铲了下来，他用力地挥舞着手中的铲刀，铆足了劲，深吸一口气，向红薯周围的土地发起二次进攻。

这是李砚文同学改写的，感觉怎么样？比改写前明显生动、丰富了许多。我们期盼自己写出来的文字让读者喜欢、入迷，甚至不看手机、不上卫生间也要一直读下去。要达到这种魔力效果，就需要尽我们所能地用充满创意的动作画面展

示我们的故事。我们需要找出富含情感色彩的东西，用合适的动词予以表现；这些动词无需大串的形容词、副词之类的修饰和限定，但一定要有画面感。我们选定的每一个动词，要能够烘托情感基调、营造所需氛围、渲染感情色彩，能把人物内心的汹涌澎湃通过动作精准地刻画出来。

魔法技巧第二式——铺垫这个 idea 很炫，立即记下吧！

铺垫是为了表现主要写作对象而提前做的基础性描写，目的是为后文打基础。铺垫要有先后顺序，层层递进，环环相扣，看似无意，实则暗藏玄机。

比如，《三国演义》中关于诸葛亮的出场设计堪称一绝。诸葛亮的人物形象从出场之初就与众不同。许多文人或谋士在出场的时候都由别人引荐或者毛遂自荐，诸葛亮的出场则是一个系列的过程。我们都知晓，刘备为了请诸葛亮出山三顾茅庐，《三国志》在写这一情节时只写了“凡三往乃见”五个字，而《三国演义》却为此做了很多铺垫。

◇ 铺垫一

其实，早在写三顾茅庐之前，作者就为诸葛亮的出场作了大量的铺垫，为这位人物出场创造时机。当时的刘备先是被曹操大败于小沛，然后又被蔡瑁设宴暗中加害，可谓节节败退。刘备虽然有雄心壮志，但是没有经纶济世的谋士辅助，前程迷茫，求贤若渴。作者先设定这样一个理由，即刘备当时的命运是由于他对人才的缺乏导致的，这是诸葛亮出场的一个前提，假如没有这个前提，诸葛亮的出场就会显得苍白无力。

刘备跃马檀溪，落魄不堪，惊闻水镜曰“伏龙、凤雏，两人得一，可安天下”，当下便一再急急追问“伏龙、凤雏何人也？”水镜抚掌大笑，只言“好！好！”而不吐真言，让读者和刘备一样如坠五里雾中。

◇ 铺垫二

紧接着，徐庶的出场为诸葛亮的出场作了第二层铺垫，突出了诸葛亮的形象。单福（徐庶化名）甫拜军师即大显身手，计取樊城，大败曹军。然此高士竟非卧龙，着实让人一惊，顿感山外有山、天外有天。这就让诸葛亮未出场已显才高八斗，不同凡响。

◇ 铺垫三

徐庶走马荐诸葛：“以某比之，譬犹驽马并麒麟、寒鸦配鸾凤耳。”“若得此人，无异周得吕望、汉得张良也。” “此人不可屈致，使君可亲往求之。”同时为后面三顾茅庐埋下伏笔。

◇ 铺垫四

接着，司马徽推荐诸葛亮，极尽赞誉诸葛亮，称其“可比兴周八百年之姜子牙、旺汉四百年之张子房也”，为下文诸葛亮的出场精心蓄势。

◇ 铺垫五

孔明的朋友和童子等人物的出场作了第五层铺垫，造成了烘云托月的效果。

忽见一人，容貌轩昂，丰姿俊爽，头戴逍遥巾，身穿皂布袍，杖藜从山僻小路而来。玄德曰：“此必卧龙先生也！”急下马向前施礼，问曰：“先生非卧龙否？”其人曰：“将军是谁？”玄德曰：“刘备也。”其人曰：“吾非孔明，乃孔明之友，博陵崔州平也。”

◇ 铺垫六

卧龙岗荷锄农夫出场作了第六层铺垫，通过他所唱的歌曲，以及草堂上的对联、诸葛均所吟咏的诗歌等，营造了一个淡泊高雅宁静的意境。这些都为诸葛亮的出场作了很好的铺垫。

次日，玄德同关、张并从人等来隆中。遥望山畔数人，荷锄耕于田间而作歌曰：

“苍天如圆盖，陆地似棋局；世人黑白分，往来争荣辱：荣者自安安，辱者定碌碌。南阳有隐居，高眠卧不足！”

玄德闻歌，勒马唤农夫问曰：“此歌何人所作？”答曰：“乃卧龙先生所作也。”

纵观整个《三国演义》，唯有诸葛亮的出场作了如此多的铺垫，也预示着诸葛亮将成为扭转三国局势的重要人物、成为刘备最重要的谋士。

一个人物如果出场前铺垫作得特别好，不仅可以让这个人物在未出场之前就令所有人耳目一新，对他有一份憧憬和遐想，而且可以让该人物在作品当中占据重要的位置，为下面情节的发展奠定坚实的基础。

铺垫锦囊

因地制宜地选择合适的铺垫方式，让人物的出场、行动、心理变化显得顺理成章，读者在阅读的时候就不会感到突兀。下面是可以进行铺垫的几个角度，可以有选择地使用：

1. 人物的现状
2. 人物经历
3. 社会环境
4. 自然环境
5. 生活环境
6. 别人的评价

…………

实战小练笔

外星人向地球发动了进攻。但是，它们并没有用激光武器摧毁城市，而是用鲜花来征服人类。它们把上百亿支鲜花运到了地球上。这些形态各异、极具异域风情的鲜花比地球上的鲜花更惹人喜爱。街头到处都是漂亮可爱的鲜花，整个城市的空气都弥漫着芬芳的花香，这使人们忘记了自己的城市正在被侵略。但这些鲜花中却隐藏着一个阴险的秘密，甚至连外星入侵者对此都一无所知。

请你为鲜花背后隐藏的秘密进行铺垫，可以从鲜花给人们的生活带来的改变或者主人公的生活环境、社会环境、自然环境等方面入手。

魔法技巧第三式——用超凡的想象力制造不可预测性

随着 5G 时代的来临，许多目前还是想象的事情在不久的将来或许会成为现实。网络世界与现实世界平行交叉，人工智能改变了这个世界的许多东西，但唯一无法改变的是人脑的构成。把你的想象力添加到写作之中，你的故事一定会充满新奇的能量。甚至于，你可以假设：书本是有生命的，陪伴你学习的闹钟是有生命的，甚至于生活当中的万事万物都是有生命的。通过想象，让没有生命的东西活起来，让一切你不想失去的物品都充满新的活力。

你可以跨越时空去拯救失去生命的亲人、朋友、伟人，可以把家里的某一个房间或者学校图书馆的某一本书变成通往另一个世界的大门——可以在其中不停地穿梭，依靠科技的力量，生活在过去或者是未来，等到完成任务后再返回现在的时代……

比如，班里有个矮个子的小男孩在放学的路上总被一个女生欺负。这个小男孩是一个很内向的人，不善言辞，胆小怯懦，他不敢告诉老师，只能一个人默默地承受。

可是，没有进展就没有故事，读者会等得不耐烦的。不要让你笔下的人物那么无聊，要让人物在能力允许的范围内做自己能做的事。我们可以大胆想象，让人物作出如下的选择：

1. 男孩给老师写一封信，告诉老师自己目前的遭遇。

2. 男孩告诉父母，在放学路上一起等那个女孩，解决这个问题。

3. 男孩努力锻炼身体，学习武术。有一次，当女孩在街角被人欺负时，男孩挺身而出，帮女孩解决了麻烦。女孩深深地给男孩鞠了一躬，在道谢的同时也为以前的事情感到抱歉。

4. 两人都参加了学校的比赛，男孩以绝对优势赢得比赛，名声大振。女孩从心里暗暗地佩服他，并主动示好，还与他成为了好朋友。

5. 男孩主动找到女孩，质问她欺负自己的原因，并告诫她不要再欺负任何人，否则将报告给老师。

6. 男孩偶然发现了一本神奇的魔法书，他破译书中高维度影像密码，拥有了超能力读心术。当女孩再次想欺负他时，他说出了她想说的话，震慑了她的无礼行为。男孩用超能力读心术帮助同学们解决了许多困难，收获了大家的信任，成为一个乐观开朗的人，读心术消失。

当你笔下的人物身处困境时，可以给他列一个这样的方案表，替他选择一种最好的摆脱烦恼的方法。有渴望、有阻碍就是有冲突，有冲突就要想办法解决，可供选择的解决方案具有不可预知性。因为不可预知，所以读者才迫切想知道人物是如何打破束缚、跳过阻碍的。只有这样，你写的东西才能让人惊奇、让人喜欢。

想象提示：

想象可以去跨越时空、穿越历史；

想象可以进入未来去探索世界，改变世界；

想象可以改变主人公的身份、形象、记忆；

想象可以将一切不可能变为可能；

…………

实战小练笔

几个十几岁的孩子在荒山上走失了，一支搜救队进入山区去营救这些孩子。由于这个地区的地形十分复杂，搜救队的队员们觉得找到这些孩子的机会很渺茫。就在队员们几乎快要放弃的时候，他们终于找到了这些孩子。但他们发现，这些孩子的身体发生了令人费解的变化。

请你大胆想象，列举出这些孩子身体可能发生的变化，并设想出这些变化带来的矛盾冲突和解决方案。用你的想象力来创作吧！

1. 变化

眼睛：________________

头发：________________

鼻子：______________________________

手臂：______________________________

记忆力：______________________________

喜好的食物：______________________________

运动技能：______________________________

特异功能：______________________________

2. 试着将这些变化放在一个事件中，让读者吃惊地发现孩子的变化。

魔法技巧第四式——比喻要有品位

比喻可以把原本需要用很多笔墨描述的事情，用一行就生动地表述出来。注意，如果比喻使用不当，细节的讲述就会以失败告终。不管写什么都用比喻来解释，这样做是不对的。有些事情需要你做详细的说明，比如关键的场景，要细致地描写，而不能只用一句比喻带过。比喻是有一定要求的，既要不落俗套，还要生动有趣。

比如，请你写一个比喻句：

妹妹的脸______________________________。

妹妹的脸蛋红红的，像大苹果。

妹妹的脸红润润的，像充盈着浆汁的苹果。

这两个比喻都将妹妹的脸比作苹果，哪个更具画面感、更吸引人？

前面这个比喻虽然形象，但缺乏新意，已经用滥了，读起来让人觉得没趣。相反，同样是以苹果作比，后面的比喻就不流于俗套，在读者头脑中的形象也更丰满。

我们要避免使用老套的比喻，要使用那些具有独创性的表达方法，当然，这种独创性是要读者能够领会得到的。举例来说：

山间的浓雾尝起来像小女孩的笑容一样甜。

我爷爷的胡子就像看布谷鸟在钢丝上跳舞。

街边的路灯摸起来像妈妈的脸一样温暖。

听妹妹弹琴就像听没有电池的收音机播报一样讨厌。

抚摸着记忆中的老照片就像听一曲悠扬的古筝演奏般回味悠长。

独特风格

比喻不要拘泥于传统意义上的规范，可以从不同的角度去想象，使五官的感觉（视觉、味觉、嗅觉、听觉、触觉）都灵动起来，让脑中的想象自由飞翔。

试着将比喻与人物的性格联结在一起，或是与人物的境遇联系在一起，独创性地联系自然界中的各种物体，用比喻诠释出文字背后的意境。

还要在比喻中尽量包含具体的细节，语言要紧凑、独特、抒情。尽量在不相同的事物之间进行比较。

试一试，下面这些你会如何比喻？

他的声音闻起来像：________________

傍晚的太阳摸起来像：________________

风尝起来像：________________

听补习老师的怒吼就像看：________________

抚摸着名著黑色的文字就像看：________________

魔法技巧第五式——让文字充满温度

那些能触及读者情绪的文字，就是有温度的文字。我们知道，故事的文字不仅要准确、有逻辑性，还要有感情。带有感情的文字可以让读者与主人公一起经历波折，感同身受，沉醉在故事里，体验那或惊心动魄、或忐忑不安、或充满感动的艺术享受。那一行行字如同施加了魔法，在书页的上空立起来，幻化成一幅幅扣人心弦的画面，流入读者的心灵深处。

◇ 有温度的文字密码

1. 故事描述清楚。

2. 语言文字带有感情色彩。

3. 各种波折的讲述能触及读者的情绪。

4. 情感真实——发自内心的流露。

5. 强化故事的核心要点。

6. 利用对比制造冲突刺激。

7. 主人公的情感体验与读者的情感体验同步。

8. 能让读者理解的事实与无奈。

9. 每个人物都是独特的灵魂，符合人物的身份和心境。

这个温度的把握很有技巧，如果没有描述清楚，读者就不能在阅读后与人物产生共鸣，更不可能与人物搭建起心灵的桥梁。要冷静地去观察书中的人物，判断自己想传达的信息怎样才能最有效地让读者知道，然后选择合适的语言来讲述。

比如春天来了，很多人会写“小草从土里钻出来，花也盛开了”，这样的写法就很普通。我们看一看《夏洛的网》中作者的描述：

> 初夏的日子对于小鸟来说是个喜庆时节。田野上，房子周围，谷仓里，林子里，沼地里——到处是小鸟在谈情说爱，在唱歌，到处是鸟窝，是鸟蛋。在林边，白脖子燕子（一定是远自波士顿飞来的）大叫：“噢，皮博迪，皮博迪，皮博迪！”在一根苹果树枝上，那东菲比霸翁摇头摆尾说：“菲比，菲——比！”知道生命有多短促和可爱的歌雀说：“甜滋滋、甜滋滋、甜滋滋的插曲；甜滋滋、甜滋滋、甜滋滋的插曲！”[①]

① 怀特．夏洛的网．任溶溶，译．上海：上海译文出版社，2004：43.

这一段写鸟的文字是不是读起来让人满心欢喜？作者运用了拟人的手法，将小鸟的情感流溢于笔尖，与读者的心绪同步。就像我们常说的，你的语言要有温度，不能一味地平铺直叙，也不能一出现人物就从头到脚一顿描写，必须得对要写的人物了然于心。不同的人物采用的描写方式也要有所不同，哪怕这个人物你没有很细致地描写，但通过他的言谈举止，你就已经把他展现在读者面前，而且是栩栩如生地展现在读者面前。

实战小练笔

住在酒店的一家人遭遇地震。酒店大楼马上就要塌了，这家人拼命地搬开楼梯入口的碎石瓦砾，想从 20 楼逃下去。酒店已经停电，墙体也裂开了，酒店大楼摇摇欲坠。请你用充满温度的文字来描述这一画面，让读者快速地和主人公融为一体，感同身受。

魔法技巧第六式——我在写作，请多关照！

小作家的创作之旅开始了，各种奇葩事情请勿打断，比如出去滑个雪、遛个弯儿、看会儿电影、喝杯牛奶、打会儿游戏、听会儿音乐……当灵感来时，一定要专注，不要被自己那个想要溜达的思绪打扰，告诉自己和周围的人：我在写作，请多关照！

1. 不停笔

我开始写啦！构思好主线后，只管写下去，不要停笔，更不要写一写、停一停。写作过程中，不用每句话都咬文嚼字地想半天，顺着自己的心往下写，顺着情节的发展往下写。开始写作时，要抓紧一整块的时间，尽量不要让任何事情耽误自己的写作进程，否则你可能需要很长一段时间才能再次进入状态。一般我们写文章总会有一个潜在的声音告诉我们写得不够好，我们总想要修改再修改。但在写作之初，要记得，一定要一气呵成，将创作的激情尽情挥洒出去，将灵感宣泄出去，不要总是倾听内心那个追求完美的声音。我们会再次修改，但不是现在。我们当下需要做的事情就是，依据自己设定的主体思想和脉络，大胆地想象填充，不要停笔。

2. 坚持

我们经常说，做任何事都要坚持。当我们开始写了，在这个过程中一定会遇到许多困难。比如，我们写的是一位将军，那这位将军的原型是谁？那个朝代有什么风土人情？认真地写下来，一定会有许多情理之中、意料之外的情节架构。你需要静下心来，将这一时期的历史加入文本中，将人物牵引进这样的环境之中。我们要坚持下来，不要遇到一点困难就被打倒，在写作空闲时，紧急补充所需的知识，排除各种客观因素的制约。

3. 允许缺憾

在写作时，人的头脑中往往会自动分成两个评价标准，一侧的大脑在创作；同时，另一侧的大脑开始评价。可能自己对创作的要求很高，不断在脑中进行暗示：这里需要修改，那里需要重新设计，等等。这时，对于刚开始写作的小作者而言，必须学会的是承认缺憾，但不要停笔。只需要按照你的故事设想，循着故事主线坚持下去。当你的一侧大脑评价你的语言不够生动时，你要对自己说：好吧，我的语言就是不够生动。你需要将作品流畅地展现在读者面前，而不是片段式地写作。你需要整体的架构，所以不要随意打断创作的进程。

4. 补充知识

需要补充哪些知识，只有写作的人最清楚。可能细枝末节的一个小环节就是牵动全文命脉的大事。因此，小作者一定要依据情节，填入自己需要的各种知识，进行联想。可能看起来某个事件发生得挺不寻常，但只要符合情境的设置、符合情节的发展，就能使故事更饱满灵动，更吸引读者。

实战小练笔

现在，动笔写个故事，一定要用到魔法技巧第六式里的四大法宝哦。写作之前，记得告诉周围的人："我在写作，请多关照！"大胆创作吧！

魔法技巧第七式——灵感捕捉

写作是一件幸福的事。很多时候，是灵感自己找上门来。生活之中到处都是灵感。我的学生也会遇到和大家一样的问题：如何寻找到灵感？下面是几个灵感来源：

1. 在阅读中寻找灵感

许多小作家特别喜欢看书，对各种书都有所涉猎。看了这么多书，小作家们一定也有过创作出和书里一样有生命的人物的冲动，甚至灵感直冲大脑，让你觉得不得不写。请看下面几个同学真实的心得：

我很喜欢读一些悬疑类的小说集，这让我脑洞大开。睡觉时，我做梦都是在回味着小说里的剧情。所以，我想自己也编创一本小说，使自己的情感全都爆发出来。

——韦斯涵，《重生——绝世特工》作者

因为我是一个喜欢看玄幻小说的男孩，我脑子中经常有一些我自己幻想出的玄幻小说里的人物，我不想让它仅仅是一个想法，我想用“写”的方式把它记录下来。

——朱颉，《鬼探》作者

我写小说是因为我特别喜欢看书。每当看到那动人心弦的情节，尤其是很多书的结局我不是很喜欢时，我就想可不可以写一本属于自己的书，让结局成为我想象的那样。

——吴怡璇，《回归荒野》作者

2. 在生活中寻找灵感

我们不光要等待灵感的敲门，还要主动到生活中寻找灵感。童年是想象力爆棚的年龄段，这一年龄段的孩子每天脑海里都有各种挥之不去的想象。随手准备一个小本本，把想象记录下来，哪怕是简单的几句话，也许它就是你创作故事的灵感源泉。下面这位同学的心得或许会对你有启发，其写作大多天马行空，并非主观故意，纯属偶然为之：

> 我平常在家有时候会看一些比如荒野求生之类的，有点类似于纪录片的东西，看他们那些人在荒野里求生就感觉很有意思，然后就想着要不把这个写成个小说，给大家看看。
>
> ——曲明赫，《十二星座之荒岛生存记》作者

3. 与读者交流，寻找灵感

我们在创作的过程中，可能会遇到无从下笔的时候，这时可以在与读者交流中寻找灵感。读者在阅读时会将自己想象成故事中的人物，对人物的经历有着自己的感受。在与读者交流时，你会发现，原来大家对你笔下的故事有特别多的想法。这些交流可能会开阔你的思路，帮你找到灵感。

> 有时候，写着写着就写不下去了，不知道该写什么了。我们就把我们写的让爸爸、妈妈和身边的同学看看，他们给了我们很多好的意见，触发了我们的灵感，仿佛给我们注入了新的感觉。
>
> ——周靖涵和史若兰，《宠物日记》作者

4. 到野外寻找灵感

当思维阻塞时，不要闭门造车，可以暂时放下手中的笔，去野外走走，去爬山，或者去一个陌生的城市……一个不经意的瞬间，可能就激发出你的创作灵感。

> 暑假里，我参加了一个名叫“乐和仙谷”的夏令营。其中有一个体验种豆的环节。我们翻地、种豆、浇水、施肥。几天过后，看着破土而出的豆豆新芽如此娇嫩、如此美丽，生命的奇迹瞬间点燃了我创作的灵感。我要记录下小豆豆这种神奇的植物，赋予它新的活力，让它来到我们中间！
>
> ——曲明赫，《小豆豆报》作者

暑假里，我去了世界上许多地方，看到战争过后的地方人民生活特别苦。战争让世界失去和平，让许多平民百姓生活在水深火热之中，所以，我们团队商量之后想写一本让人们明白和平来之不易的书，让大家珍惜现在的和平生活。

——李泽中、高嘉仪、和奕儒，《战争帝国》作者

你也可以像他们一样，当无从下笔时，大胆去寻找灵感。在阅读中寻找灵感，到野外寻找灵感，到与故事情节相似的生活情境中、到生活中的任何地方去寻找灵感。可能在不经意间，灵感会来叩门，这时你要有所准备。当灵感来敲门时，你要抓住这样的机会，将脑中的灵感用手中的笔宣泄出来，展示出你所要表达的情感。由心出发，写作其实很简单。

实战小练笔

捕捉灵感的方法有很多。当你写作遇到困境，无从下笔时，尝试到生活中去寻找吧。灵感来源于生活，只要你细心观察，灵感的大门将为你打开。现在，请你记录一天当中随时喷涌而出的灵感。如果能持续一段时间，你会惊喜于自己的进步。

我的作品

你已经拥有了这么多的魔法技巧，可以试着把它们加入你的故事中。在故事发生前作好铺垫，将故事发生时用的修饰副词换成一连串的动作，创造不可预测性，提升自己的写作素养，去开创一个个高潮迭起的故事情节，用手中的笔书写充满魅力的故事！现在就去完成你的作品吧！

第十五章 修改

阅读，
沉淀，
写作，
精炼。

增添，
删减，
字里，
行间。

听听
读者群的心声，
想想
文字传递的真情。

修文，
修文，
没有最好，
只有更好。

我的经典？No，改后更棒！

刚开始写作，你一定会觉得自己能写这么多的文字，真了不起！在内心给予自己极大的肯定。自己笔下的人物，怎么看都那么喜欢。可能你会自言自语地说：我实在是太棒了，这就是我的经典！但说真的，这部作品到底是不是那么优秀？行文是不是真的流畅自如，情节是否跌宕起伏、引人入胜，是不是已经成为你写作生涯中不朽的经典了呢？

这个答案需要你自己去寻找。你或者可以这样思考：书中有没有一些内容让人读后感觉是陈腔滥调，中途想要放弃阅读、将书抛掷一旁呢？一定有。那么，下一步最重要的事情就是——修改。

大家都知道海明威写的一部非常有名的作品《老人与海》，那是一部世界级名著，影响了一代又一代人，经久不衰。但你知道吗，这部书他曾修改了二三十遍。不需要任何人去鞭策他、督促他，他一遍又一遍地阅读，一遍又一遍地修改，直到撰写成我们目前见到的名著“真身”。原来，世界级名著的作家也需要反复修改自己的作品。好文章是改出来的。

我国著名作家郁达夫的《她是一个弱女子》第一章写主人公郑秀岳的求学经历，在交代时代背景方面，手稿初稿有这么一小段：

> 政潮起伏，时间一年年的过去，郑秀岳居然长成得秀媚可人，已经在杭州的女学校里，考列在一级之首了。

手稿上修改后的定稿，也即初版本所印出的这一段，是这样的：

> 政潮起伏，军阀横行，中国在内乱外患不断之中时间一年年的过去，郑秀岳居然长成得秀媚可人，已经在杭州的这有名的女学校里，考列在一级之首了。

通过这样的修改，我们不难看出，作者增添了两处，分别是“军阀横行，中国在内乱外患不断之中”和“这有名的”，其效果显而易见。时代背景处增加的文字使读者对当时的局势更加了解：内忧外患，人们心中渴求安宁。读者不禁为我们的主人公担心，迫切地想要知道主人公是如何躲避这场社会动荡带来的灾难的。寥寥几笔的修改，很好地调动起读者阅读的欲望。增添“这有名的”四个字为主人公成长为有胆识的新青年埋下了伏笔。这些时代背景为以后主人公的遭遇埋下了伏笔。但这样恰到好处的文字却是作者反复阅读自己的作品后修改而来的，可见，认真地阅读作品、斟酌字句、进行修改，可以起到意想不到的效果。

下面，我们来看个身边的例子。曲明赫同学在写《十二星座之荒岛生存记》时，有一段初稿是这么写的：

小船在海上快速行进。很快，她们住的小岛便消失在了海平面上。不一会儿，小船就行驶进了最危险的魔鬼海域。霎时间，原本风和日丽的日子顷刻间乌云翻滚，随之而来的便是狂风暴雨。海面上巨浪滔天，每一个浪头都足以置她们于死地。乘船人慌乱之下放下了救生船。十二星座姐妹们来不及多想，便跳上了救生船。随后，巨浪把她们推离海域。

修改后的版本是这样的：

她们乘坐的船在海上乘风破浪地飞速行进。很快，她们住的小岛就变得越来越小，最终消失在了海平面上。不一会儿，小船就行驶进了最危险的魔鬼海域。霎时间，原本风和日丽的天气顷刻间乌云翻滚，随之而来的便是狂风暴雨。雨点大滴大滴地从昏暗的空中落下，重重地拍在甲板上，发出震耳欲聋的响声，仿佛要将甲板砸穿一般。小船不停地剧烈晃动着，犹如风口浪尖的一片树叶，随时都可能被海水吞没。海面上巨浪滔天，每一个浪头都足以致她们于死地。十二星座姐妹们紧紧地抱在一起，蜷缩在一个角落里。胆小的双鱼浑身发抖地望着舷窗外滔天的巨浪：怎么办？这片海好远好恐怖，什么时候才能离开这里啊！为什么要出来！早知道我才不出来呢！呜呜，我不要……这时又一个浪打过来，打破了舷窗，咸咸的水珠溅到双鱼的脸上，吓了双鱼一大跳，她不禁哭了出来："呜呜，我好害怕，我不要死……"就连平时一向胆大的狮子也不安起来：这片水域什么时候才能消失呢？这什么时候才是个头啊？怎样才能离开呢？……十二星座姐妹们互相小声地安慰着，可身体却控制不住地颤抖。突然一声巨响，她们慌忙跑出了船舱。撑船人呆在原地，手里握着一支断了的木桨。她们也愣住了：本来想要驶离这里就很困难了，现在桨也断了，怎么办呀？难道……她们不敢往下想了。过了好久，她们才反应过来，尖叫着寻找另一半木桨，可它早已不知去向。撑船人慌乱之下放下了救生船，十二星座姐妹们来不及多想，便跳上了救生船。随后，巨浪便把她们推离了海域。

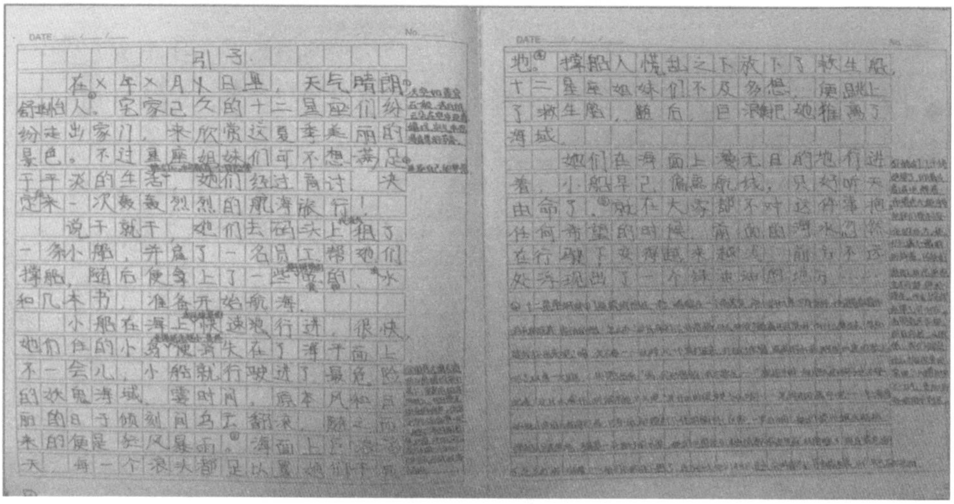

《十二星座之荒岛生存记》改动手稿

怎么样，改后的文字是不是更紧张、画面感更强？仿佛那场海难就发生在眼前。相信自己，你也可以写出经典的文字、有魅力的作品。好文章要咬文嚼字。通过反复修改，你的文章一定可以好上加好。

实战小练笔

在某年某月某日，天气晴朗，舒适怡人，宅家已久的十二星座们纷纷走出家门，来欣赏这夏季美丽的景色。不过，十二星座姐妹们可不想满足于平淡的生活，她们经过商讨，决定来一次轰轰烈烈的航海旅行。

这是曲明赫写《十二星座之荒岛生存记》第一稿时的一个片段，请你修改一下，让这段文字在故事的开篇能迅速吸引住读者的眼球。

修改沉淀法

作品写完以后，接下来的重要步骤就是沉淀。先放一放你的作品，将它忘记，然后冷静地重新审视一番。这样一来，不光是文字问题，哪个部分过长或过短也能看得一清二楚。一定要让作品“冬眠”一段时间，视篇幅的长短而定；篇幅较长，沉淀的时间可以久一些，从三五天、一两周到一两个月不等。让作品“冬眠”，就是将作品隔离在自己的意识之外，可以去阅读一些名著，或者周末去郊游一下，等等，将作品彻底忘记。这样做是为了再次捧起作品时，能像阅读别人的新作一样重新审视自己作品的不足。

以吴怡璇同学写的《回归荒野》为例，来看看如何沉淀，沉淀后又怎样修改。这部作品写完后，她尝试着去修改，但总觉得缺点什么，没有语感和爆发力。于是，她决定先放一放，不急着去修改，趁着放假与爸爸妈妈去内蒙古大草原玩了三天。回来以后，她拿出初稿，用大约一个月的时间通读了好几遍，这时各种想法、灵感如同泉涌，让她找到了初稿中的许多不足，许多段落更是改了又改，才有了今天在中关村三小图书馆里可供借阅的《回归荒野》。这本书受到许多小读者的喜欢，离不开后期反复推敲修改的功劳。

所以，写完一部作品之后，不要马上进行修改，可以将作品放到一旁。建议整个人从作品的情境中走出来，去做一些接触大自然、写生、朋友聚会等等与作品创作无关的事情，将自己脑袋放空。1 ~ 2 周（或者三五天，或者一两个月）后，再将稿子拿出来，通读一遍，这时，你一定会有一些全新的看法，对某些悬念没有设置好的地方、线索埋得不恰当之处也就一目了然了。

期待着你的作品在不断的沉淀与修改中完善，让你的故事成为经得起时间考验的经典之作。

实战小练笔

你的作品已经完成了，现在不要着急去修改，可以先做一些其他的事情。一周后，把它拿出来通读一遍，对某些悬念没有设置好的地方、线索埋得不恰当之处重新修改一遍。

读者群是笔大宝藏！

练过书法的人都知道这样一个要求：写的时候必须眼高于手。就是自己写出来的东西，自己得能看出来哪里不好、哪里需要修改、需要怎么改。写作同理，说起来很容易，真要做起来就比较麻烦，往往会陷入“不识庐山真面目，只缘身在此山中”的境况，看着自己的作品总觉得不够完美，但又无法提高到更好的水准。

如果你想要成为一名写作高手，就需要跳出你的作品来看待故事中的人物，从一个旁观者的角度来看这个故事。每个读者都具有一种能力，对于书架上的图书，往往看过 5 分钟就可以给出评价：这本书是否有意思，是否陈腔滥调，能否引起自己的阅读兴趣，自己是不是想要借阅或者购买。但对于自己的作品，我们却无法给出客观评价，要么怎么看都觉得好，要么觉得怎么都改不好。这样可不行，因为作品不是给自己看的，自我感觉如何不代表大多数读者的看法。我们需要客观地找到自己行文中的不足。

建立读者群是个非常棒的想法。《梦幻神域之战争崛起》是我的 6 名学生一起创作的，由于是合作完成的，许多内容的设定就不是一个人脑洞大开的结果，大家会定时讨论细节，包括故事情节的发展、每一个人物的行动轨迹等。每天，他们的故事都会更新。午休的时候，他们会将新写出来的内容读给身边的同学听，大家七嘴八舌地评价其中的人物、剧情是否合理。群众的眼睛是雪亮的。有的作品刚一开始读就不能对同学产生吸引力，那这样的作品一定是欠缺冲突、细节描述不好或是没有代入感，更别提让人追着阅读了；有些作品则在还没有更新的时候就引发许多同学的关注，他们迫切地想知道接下来人物怎么样了。

如果某部作品是你独立完成的，而你没有建立读者群，那么，当初稿写完时，你一定要邀请爸爸妈妈或是身边的同学、朋友以读者的身份来阅读你的作品，听取他们对你的作品的反馈意见。看看读者眼中的作品和你的期待是否有差距，如果有，那就再反复阅读几遍，认真修改完善。

实战小练笔

请为你的作品建立一个读者群，这个读者群可以由最先阅读你的作品的爸爸妈妈组成，也可以由你身边的同学、朋友、老师组成；或者你也可以将作品发到网上，建立一个微信群，听听网上读者的意见。请将读者群的意见整理出来。

修改清单

好作品是改出来的！一部伟大的作品，一定经过千锤百炼才得以面世。故事的修改亦如此。修改的目的都是为了让笔下的作品呈现出最完美的状态。但究竟要修改哪些地方呢？现在，我们一起来了解一下这个系统的“最终修改清单”，给自己一个宏观层面的自查。

修改人物

任何一本书，最离不开的就是人物。你可能想让你的故事人物充满矛盾性，但你也要让读者知道一些关键信息，比如是男还是女、是白人还是黑人、年纪是大还是小。人物修改清单如下：

1. 为故事中心服务的人物形象是否有特别之处？
2. 人物年龄是否符合故事的需要？
3. 人物出身与现在的性格养成是否有需要调整的地方？
4. 人物经历是否给后面的故事发展留有伏笔和悬念？
5. 人物的行为是否能在故事设定的历史背景下去理解？
6. 人物的心路历程是否符合人物设定？
7. 故事发生时，人物的状态是否导致故事的发展？
8. 人物的矛盾性是否完美呈现？
9. 人物的细节描写是否推动情节发展？

修改情节

情节是否吸引人，是一个故事是否成功的关键所在。我们最不喜欢看到的就是大篇幅的概括。我们希望每页都有刺激点，都有惊喜，能激发阅读热情、调动情绪。写一个普通男孩一路克服困难成为一个优秀的人，不仅要为他设置一个贯穿全书的奋斗目标，还要让他不断“打怪”升级，提升自身“战斗力”，让读者与主人公一起去体验化茧成蝶的喜悦。情节修改清单如下：

1. 语言是否新颖？
2. 故事人物是否生动鲜活？
3. 情节是否完整？
4. 情节的安排是否一波三折，充满戏剧性？
5. 设置悬念了吗？
6. 前面的故事是否为后面的情节发展做铺垫或埋下伏笔？
7. 故事中对下文的交代是否照应上文？

8. 第一句、第一段或第一页是否交代了真正的矛盾冲突?

9. 主人公遇到的困难是否具有梯度和不可预测性?

10. “打怪”是否升级?

11. 两件同时发生的事是否照应得体?

12. 主人公的“战斗力”是否不断提升?

如果答案是否定的，那么你的故事情节可能就有问题。如果你的故事不能让读者阅读后在头脑中构建起高潮迭起、悬念重生的画面，你就要问问自己：情节是否能给人以既视感?这都是在修改过程中必须考虑的问题。

修改开头和结尾

修改完人物和情节，我们要开始修改开头和结尾了。开头修改清单如下：

1. 故事开始的时候，引擎全开了吗?

2. 故事开篇是否花费了太多的时间预热?

3. 伟大的故事就是剔除掉生活中乏味沉闷的部分，我尝试呈现的故事世界是什么样的?

4. 什么样的情绪描写能够带给读者像现实生活一样的感受?

5. 在第一部分的故事中，是什么吸引读者一直读下去?

6. 主人公会面临什么样的危险?

7. 主人公的对手是谁?

8. 正反两方势均力敌还是反方更强大?

9. 我应该如何把它呈现出来?

10. 开篇的布局中是否有足够的矛盾冲突?

结尾修改清单如下：

1. 结尾能否引起读者的共鸣和思考?

2. 文章中的线索是否都处理好了?

3. 结尾能否使平淡的故事陡然生出波澜，产生震撼人心的力量?

4. 故事的结尾如果是戛然而止的，是否留有空白，让读者进行艺术再创造?

5. 结尾与前文的伏笔是否相照应，让人觉得情理之中或是意料之外?

6. 结尾是否更好地深化了故事的主题？

修改对话

好的对话能带给读者惊喜，同时制造紧张感。我们最不喜欢看到的对话，莫过于毫无信息的闲聊、没事找事的凑字。有时，稍微“偏离”的回答比精确的回答更具悬疑感。来看一下对话修改清单：

1. 能把不合理的推论以问题作答等形式写进对话中吗？

2. 能把一些直述词——“他说”“她说”——改成动作吗？

3. 将作品视为一个游戏，游戏里的玩家都在试图击败对方，他们是将对话作为“武器”吗？

4. 对话应该有冲突或紧张感，甚至在盟友之间也是如此。你做到了吗？

通读你的作品，找出两个人物坐着对谈的场景，在这个场景中插入冲突，把插入冲突的方法列出来。列出给其他人物增添冲突的途径。至少给每个人物安排一项内心冲突，使得他不能在这场戏中舒舒服服地待着，有自己的麻烦需要解决。

润色

到了最后一步，就可以检查你的作品的文法错误了。修改清单如下：

1. 语句上有没有明显的语法错误？

2. 有没有明显的标点符号错误？对话的地方有没有标冒号和引号？

3. 有没有明显的错别字？

4. 有没有句子上的衔接不畅？

这样，当你对修改感到毫无头绪时，就可以按照上面的顺序，一次修改一个；如果觉得人物还不够立体，就先把所有的人物描写润色一遍；如果觉得对话有点问题，就把所有的对话描写检查一遍。不要想到哪儿改到哪儿，这样很容易造成混乱，改起来也会非常累。

实战小练笔

修改的小技巧可以使文章充满魅力，请你按照修改清单的顺序来重新修改自己的作品。

修改加减法

修改是有窍门的：修改过于冗长的地方，关注张弛缓急。很多作者都有个毛病，那就是写得太长。我们太急于解释每一处细微的差异，解释角色行为和故事场景的每一个方面，以至于忘记了精挑细选的必要性。在小说尤其是短篇小说中，语言的犀利和简洁性非常重要，需要生动有效的细节。任何超出必要的东西都是多余的，需要删去。

修改细节：故事的独创性、简洁性和清晰度都可以通过“细节是否有意义”这一判断标准来检验。此外，你要学会去发现那些太过笼统、模糊的措辞。每当你看见诸如“有人”“一切”“巨大”“英俊”“非常”“真的”这样的词时，都要持谨慎怀疑的态度，最好寻找一个更具体的事物、更精准的型号、更确切的程度来取代这些笼统的词语。

有时，只需添上寥寥几个句子或几处有意义的细节，一个角色便可栩栩如生；有时，只需巧妙地删去几处，就可以让一个累赘或冗长的段落变得简洁；有时，删掉第一段，将第七段放在第三段的位置，就可以使一个原本松散的故事变得富有立体感。

实战小练笔

请你从前面自己写的作品中任选一个情节片段，按照修改加减法的要求进行修改，让故事变得更加立体。

感动自己，就一定能感动别人

如果说文字是一本书的血肉，那么真情就是这本书的灵魂。你的作品若想吸引人、打动人，首先要打动自己。自己要投入，要动真感情，真正的感情是发自内心的一种流露。作品就是为了把自己的情感或者生活体验通过语言文字传递给读者，引起读者的共鸣，让读者也能够产生和作者一样的情感。这种情感需要是正面的、积极的。当作者与读者产生了共鸣时，目的就达到了，作品也就成功了。

在创作中，我们要捕捉作品的细节之处，可谓“一瞬传情，一目传神”。依据故事的发展，人物会站在矛盾冲突的哪一个位置？你要充分调动自己的感官，认真品味个中感受，将全身心的情感倾注于笔尖，随着人物喜而喜、忧而忧，这样创作出来的文章才会具有感染力。

例如安徒生的《卖火柴的小女孩》，小女孩最终没有活着完成她的心愿，而那一根根擦着的火柴在读者内心燃起的不就是一个个希望吗？目睹小女孩悲惨的遭遇和这个冷酷的世界，那跳动的火苗给读者留下的哪怕是片刻的温暖，也足以证明安徒生写下小女孩的故事的目的不仅仅是抨击那个残酷的社会，而是更希望通过小女孩的经历唤醒人们的良知，不让悲剧重演，这就是作品的魅力所在。

具体来说，在表达感情时，要综合运用多种方式。比如，有些部分可以用娓娓的叙述，有些地方可以用细腻的心理描写，有些地方还可以用真切的细节描写等。

假设一个故事的大致内容是：姐姐和弟弟相依为命，一天，姐姐看到弟弟在泡方便面，决定带弟弟到外面好好吃一顿。

原句：

姐姐简单把泡面收拾了一下，出去追上弟弟，两人一同走在黑夜里。

改后：

姐姐简单把泡面收拾了一下，追着弟弟的步伐跟了出去。外面的夜很黑，但还不至于黑到伸手不见五指。他在前头，她跟在后面，月光洒在两人身上，迤逦出二条孤寂的影子。

改后的文字拉近了作者与读者的情感和心理距离，所有相关景物行云流水般的描写有利于抒发人物的真情实感。这里采用的就是景物倾诉法，让书中的人、物、景都能传递出主人公真实的情感，这就增强了代入感，散发出惺惺相惜的情绪，借物倾诉，让作品散发出文字魅力。

还可以在叙述、抒情时，通过有意点明主人公的心理，抒发对人、事、物、景的强烈感情，其中夹杂着人物的境遇。有时候，可以通过富有韵味的写景来达到升华感情的效果。

孩子们大胆地创作吧，认真推敲，勇敢地写下自己真实的情感体验，倾听灵魂深处的声音。不一定要多华丽的辞藻，但须是立足所处的背景、环境之下发自人物内心的声音。用虚拟的人或者真实的自己做主人公都可以，但情感一定得是自己能够体会或者曾经体会过的，这样用文字浇灌出的情感才会让读者感到真实。

期待你的主人公跨越一个又一个障碍，战胜强大的对手，一路去追寻自我内心的渴望。

实战小练笔

下面是一位同学写的想象故事的开篇：

尹烈睁开隐隐作痛的双眼，晃晃头，不禁一阵头疼欲裂，首先映入眼帘的是一间陌生的房间，榻榻米整齐地铺在身旁。尹烈不是笨蛋，前一刻他还在玩游戏，下一刻就来到了这陌生的日式房间，他有点预感，他的梦想仿佛即将实现。

——王嘉昌：《火影忍者之瞳力无双》

请你为这段文字进行修改，捕捉细节之处，传递人物的情感，可以在讲述环境或者人物身边的小物件时都带入人物的喜恶，也可以在人物的一系列活动中传递他的内心感受，写出有温度的文字。

我的作品

好作品是改出来的。将你完成的作品先放一放，不去翻动它，做点其他感兴趣的事情。一周后，重新打开它，按照修改清单，有节奏地进行修改。记得使用各种超级魔法哟！下面，开始动手吧！

人大社青少年写作书目

中国人民大学出版社一直致力于为青少年出版充满创意的写作书，激发孩子的写作思路，让孩子在写作中发现自我、表达自我，同时学习写作技巧，提高写作水平。

写作不只是写作文，它是一种充满想象力的创作，能够极大地拓展人的思维和表达能力，更是一种可以伴随孩子一生的技能。这里有通过画画启发创意思维的《写写画画故事书》，有美国获奖作家系统讲授写作方法与技巧的《写作大冒险》和《小作家手册》，有儿童文学作家带来的《作文课》，有写作大赛名师的课堂再现“丁丁老师创意作文课”系列……在这里，你能找到孩子喜欢读的写作书。希望人大社写作书不仅能帮孩子学到写作技巧，还能让孩子真正地爱上写作。

书名	作者	出版日期	介绍
《写写画画故事书》（套书五册，赠日记书）	白铅笔	2018 年 7 月	适读年龄：6～9 岁。 孩子的第一套创意写作启蒙书，让孩子创作出属于自己的绘本故事。
《北美思维导图作文》	小杨老师	2020 年 6 月	适读年龄：6～12 岁。 原汁原味的美式思维写作课堂，小杨老师用汉堡包、奥利奥、蝴蝶、鱼骨图搞定写作。
《丁丁老师创意作文课——教你写出有个性的作文》	丁丁老师	2018 年 10 月	适读年龄：9～12 岁。 写自己、写家人、写游记、写场景、写生活，告别套路，教你写出与众不同的味道。
《丁丁老师创意作文课——教你写出会思考的作文》	丁丁老师	2018 年 10 月	适读年龄：9～12 岁。 写推理、写变形故事、写说明文、写议论文，让你的作文会呼吸，写出自己独特的思考。
《思维导图作文——看得见的写作》	丁丁老师	2019 年 11 月	适读年龄：9～12 岁 写事、写人、写动物、写静物、写景、写想象，直指写作中最易出现的错误，用看得见的步骤和思维导图教你写好作文
《思维导图阅读——能模仿的写作》	丁丁老师	2020 年 1 月	适读年龄：9～12 岁 写作方法 + 名篇精读 + 习作点评，配上思维导图，教你向名作学写作。
《作文课：让创意改变作文》	谭旭东	2019 年 8 月	适读年龄：9～15 岁。 贴近中小学生生活的写作课，教你把创意用到写作中。
《写作魔法书——28 个创意写作练习，让你玩转写作》（修订版）	白铅笔	2019 年 6 月	适读年龄：9～15 岁。 好玩的创意写作练习，你的笔一写就停不下来。写作的魔法就藏在你的脑袋里，快来试一试！

书名	作者	出版日期	介绍
《写作魔法书——让故事飞起来》	[美] 加尔·卡尔森·莱文	2014 年 6 月	适读年龄：9～15 岁。 纽伯利奖获奖作家分享写作秘密，帮你找到绝佳的故事创意。
《成为小作家》	李君	2020 年 12 月	适读年龄：9～15 岁。 中关村三小语文名师力作，51 位重点高中学霸，实力认证，助你破解写作的基因密码，走向文字链的顶端。
《写作大冒险——惊喜不断的创作之旅》	[美] 凯伦·本克	2018 年 10 月	适读年龄：9～18 岁。 来自美国的超酷创意写作书，可以撕、可以写、可以画、可以玩。
《小作家手册——故事在身边》	[美] 维多利亚·汉利	2019 年 2 月	适读年龄：9～18 岁。 获奖作家为你揭开写作的秘密，你也能成为一名真正的小作家。
《少年未来说·第 1 季》	曹文轩 高秀芹	2019 年 6 月	适读年龄：9～15 岁。 “北大培文杯”全国青少年创意写作大赛优秀作品（第 1 季），展现青少年天马行空的想象力和精妙灵动的文字水平。
《写给未来的自己·第 2 季》	刁克利 高秀芹	2019 年 6 月	适读年龄：10～18 岁。 “北大培文杯”全国青少年英文创意写作大赛优秀作品（第 2 季），用英语展现创意与写作，向未来出发。
《北大清华学长的写作黑科技》	《意林》 编辑部	2020 年 7 月	适读年龄：12～18 岁。 北大、清华学长分享自己的写作秘密，四十位高考作文学霸的走心经验谈。
《爱追剧？那你的作文有救了》	郭建华	2020 年 7 月	适读年龄：12～18 岁。 电视剧里有门道，藏着作文高分的小秘密。换个角度看电视，既追了剧，又写了作文。